미래 과학자를 위한 즐거운 실험실

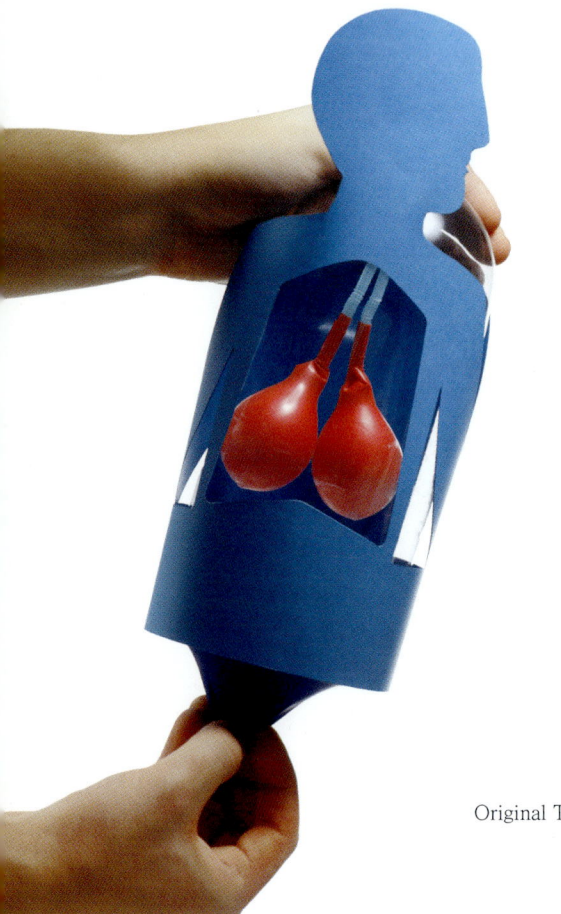

Original Title: Home Lab: Exciting Experiments for Budding Scientists
Copyright © Dorling Kindersley Ltd., 2016
A Penguin Random House Company

All rights reserved.
No part of this publication may be reproduced, stored in or introduced
into a retrieval system, or transmitted, in any form, or by any means
(electronic, mechanical, photocopying, recording, or otherwise), without
the prior written permission of the copyright owner.

This Korean edition was published by Ggumgyeol in 2018
by arrangement with Dorling Kindersley Ltd., London, UK.

이 책의 한국어판 저작권은 DK(돌링 킨더슬리)와 독점 계약한 주식회사 꿈결에 있습니다.
저작권법에 의해 한국 내에서 보호를 받는 저작물이므로 무단 전재와 복제를 금합니다.

A WORLD OF IDEAS:
SEE ALL THERE IS TO KNOW

www.dk.com

미래 과학자를 위한
즐거운 실험실

잭 챌로너 지음 | 이승택·최세희 옮김

구하기 쉬운 재료로 집에서 하는 홈 랩 HOME LAB

2017 런던왕립학회 영 피플 수상작

2018 가족을 위한 미국 교사 추천 도서

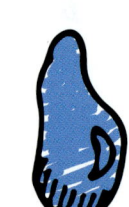

차례

들어가며 · 6

1장
음식을 이용한 과학 · 8

끈적끈적 슬라임 · 10
비밀 잉크 · 14
베이크드 알래스카 · 18
몬스터 마시멜로 · 24
크리스털 막대사탕 · 28
레몬 배터리 · 34

2장 쉽게 구할 수 있는 재료로 하는 실험 · 38

DNA 모형 · 40
종이비행기 · 44
고성능 종이 스피커 · 52
고무줄 행성 · 56
휘황찬란한 만화경 · 62
풍선 로켓 자동차 · 66
튼튼한 다리 · 74
춤추는 뱀 · 80
호흡 모형 장치 · 86

3장 과학으로 뒤덮인 물의 세계 · 92

밀도 탑 · 94
물레방아 · 98
비누 동력 보트 · 104
간이 정수기 · 108
아름다운 종유석 · 114
부글부글 비누 폭탄 · 118
신비한 얼음 공 · 124

4장 위대한 자연 탐구 · 128

병 속의 정글 · 130
놀라운 화석 · 134
신발 상자 속 식물 · 138
태양이 그린 아름다운 그림 · 144
폭발하는 화산 · 148
바람개비 · 154

용어 사전 · 158
역자 후기 · 160

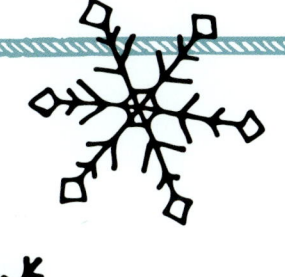

들어가며

저와 형이 어렸을 때 어머니는 과학자들이 어떻게 궁금증을 해결하는지 알려 주셨습니다. 바로 '과학적인 방법'이었는데요. 그때부터 우리는 이 책에 나온 실험들을 하느라 많은 시간을 부엌에서 보냈습니다.

우리는 실험하기 전에 항상 다음과 같은 질문을 던졌습니다. "어떻게 하면 과일이 전지(배터리)가 될 수 있을까?", "정수기 필터를 만들려면 무엇을 넣어야 할까?", "어떻게 하면 '베이크드 알래스카'를 구울 때 빵 속 아이스크림이 녹지 않을까?"와 같이 말입니다.

그다음 우리는 하려고 하는 실험과 관련된 자료를 찾아 읽으면서 배경지식을 쌓았습니다. 덕분에 우리가 실험할 때 어떤 일이 발생할지 예상할 수 있었지요. 이 과정을 '가설 설정' 또는 '경험에 의한 추측'이라고 부릅니다. 과학적 탐구에서 꼭 거쳐야 할 필수적인 과정이지요.

그리고 직접 실험을 하면서 우리가 세운 가설이 맞는지, 어떤 일이 벌어지고 있는지 확인하게 됩니다. 이것을 '관찰'이라고 합니다. 그렇다면 실험을 통해 얻은 결과가 가설과 일치할까요? 과연 실험에서 어떤 것이 변했을까요? 이때 실험에서 변할 수 있는 요소들을 '변인'이라고 합니다. 예를 들어, 과일 전지를 만들 때 과일의 종류를 바꾸면 어떤 일이 일어날까요? 종이비행기의 모양을 바꾸면 어떻게 다르게 비행할까요? 끈적끈적한 슬라임을 만들 때, 샴푸를 더 많이 넣으면 어떤 차이가 생길까요?

가설을 세우고 그 실험을 수행하여 결과를 비교해 보는 등 우리만의 '즐거운 실험실'은 계속되었습니다. 우리는 실험에서 배운 내용을 친구들과 함께 이야기하는 것을 좋아했는데요. 여러분도 우리처럼 실험에서 얻은 결과를 가족, 친구, 선생님과 함께 이야기해 보세요. 여러분도 실험하는 과학자이니까요!

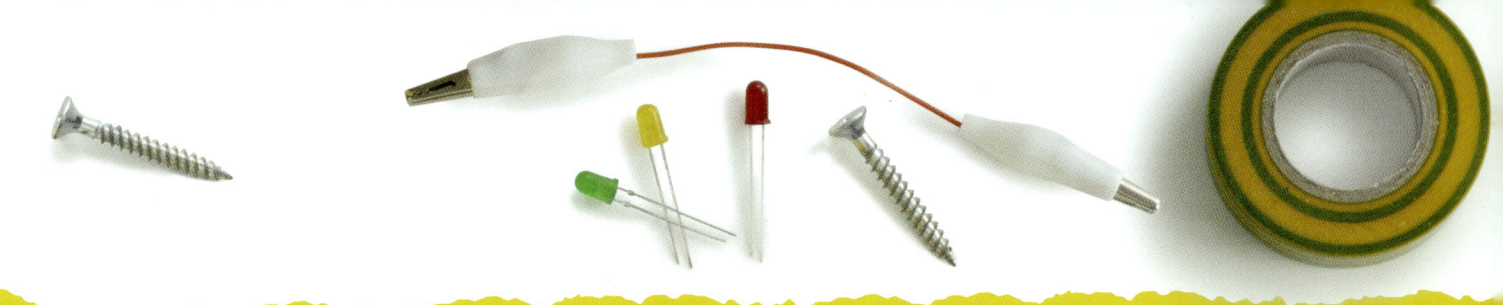

여러분이 과학자처럼 실험하고 싶다면, 다음의 과학 탐구 과정을 잘 알아 두세요. 과학자들은 '문제 발견하고 질문하기', '질문 해결을 위한 자료 조사하기', '가설 세우기', '실험하면서 가설 검증하기', '실험 결과 분석하기', '결론 이끌어 내기', '결론에 대해 논의하기'와 같은 순서를 거칩니다.

과학자들은 매일 실험실에서 '더 안전한 자동차를 설계하기 위한', '질병을 치료하기 위한', '더 맛있고 건강한 음식을 만들기 위한' 등 다양한 질문의 해결 방법을 찾는 과학 탐구 과정을 거칩니다. 제가 재활용 플라스틱 병을 이용해서 정수기를 만들 때 사용한 방법이기도 하지요. 여러분은 어떤 일에 이 방법을 사용하게 될지 매우 궁금합니다.

이 책을 통해 과학 지식뿐만 아니라 실질적이고 직접적인 경험을 얻게 될 텐데요. 미래 과학자가 되려면 무언가 탐구를 시작해야만 합니다. 그때 이 책은 음식에 숨겨진 과학, DNA의 작용, 종이비행기가 나는 원리 등 여러분이 궁금해하는 질문에 답을 찾아 줄 것입니다. 미래 과학자가 된 여러분은 "왜?"라는 질문을 던지고, 만들면서 실수하고, 다시 새롭게 만드는 과정에서 많은 경험을 할 수 있습니다.

《즐거운 실험실》에는 미래 과학자를 위한 다양한 실험이 담겨 있습니다. 실험을 따라 하면서 과학에 대한 궁금증과 호기심을 해결해 나갈 수 있습니다. 이 경험을 통해 여러분이 속한 사회 그리고 공동체와 나눌 수 있는 사람으로 성장하기를 바랍니다.

잭 챌로너

Jack Andraka

음식을 이용한 과학

부엌은 과학을 배우기에 완벽한 장소입니다. 이번 장에서 하게 될 실험은 여러분의 부엌 찬장, 냉장고, 과일 그릇에 있는 음식을 사용합니다. 여러분은 반짝이는 결정이 어떤 과정을 거쳐 점점 커지는지, 뜨거운 오븐에서 어떻게 얼음처럼 차가운 음식이 나올 수 있는지 그리고 어떻게 레몬으로 전기를 만드는지 알게 될 것입니다. 친구들과 함께 먹을 수 있는 맛있는 요리를 만들고, 우리 두뇌에 영양을 듬뿍 주는 아주 재미있는 실험들로 가득합니다.

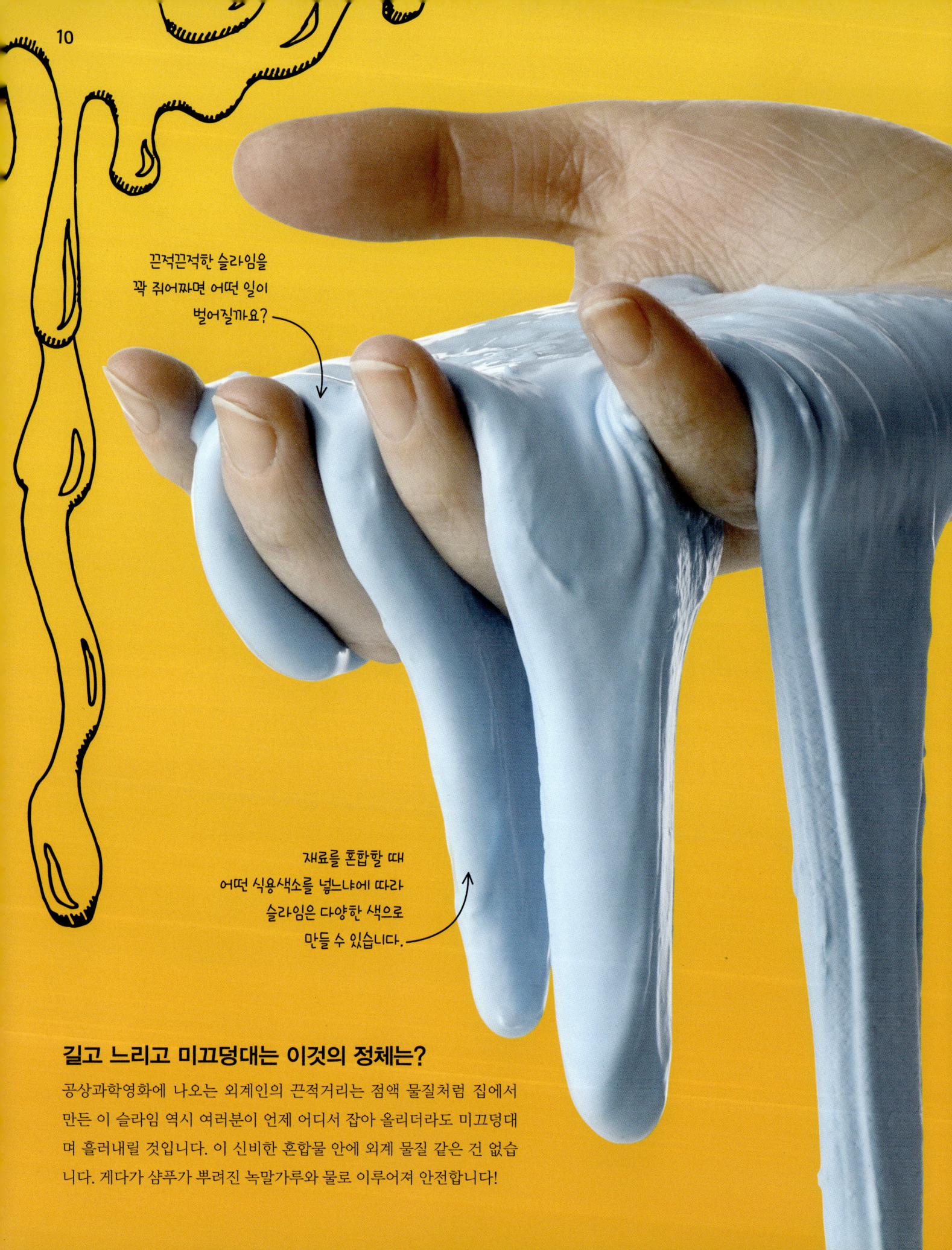

끈적끈적한 슬라임을 꽉 쥐어짜면 어떤 일이 벌어질까요?

재료를 혼합할 때 어떤 식용색소를 넣느냐에 따라 슬라임은 다양한 색으로 만들 수 있습니다.

길고 느리고 미끄덩대는 이것의 정체는?

공상과학영화에 나오는 외계인의 끈적거리는 점액 물질처럼 집에서 만든 이 슬라임 역시 여러분이 언제 어디서 잡아 올리더라도 미끄덩대며 흘러내릴 것입니다. 이 신비한 혼합물 안에 외계 물질 같은 건 없습니다. 게다가 샴푸가 뿌려진 녹말가루와 물로 이루어져 안전합니다!

끈적끈적 슬라임

이 끈적끈적한 물질은 손쉽게 만들고 재미있게 가지고 놀 수 있으며, 정말 신기하게 움직입니다. 잠시 이것을 손에 쥐어 본 후 고체인지 액체인지 생각해 보세요. 확신할 수 없나요? 슬라임이 여러분의 손가락 사이로 걸쭉하게 흘러내릴 때 힘을 줘서 꽉 잡아 보세요. 마치 고체처럼 느껴질 것입니다. 이것이 액체라는 사실이 믿겨지나요? 너무 엉망진창으로 만들지는 말고 한번 실험해 봅시다.

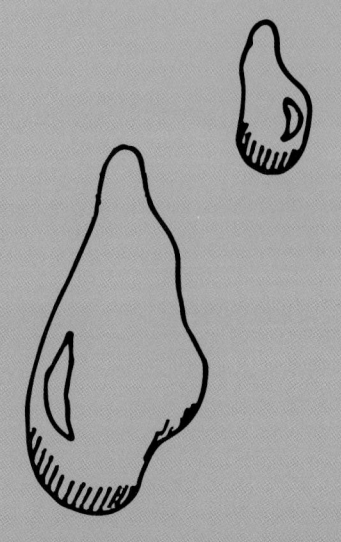

끈적끈적 슬라임 만들기

이 실험은 주변을 엉망으로 만들 수 있기 때문에 사방으로 튀는 슬라임을 정리하기 쉬운 내유지(기름이 배지 않는 종이)를 바닥에 깔아 놓으세요. 혼합물에 독성은 전혀 없지만 그렇다고 입에 넣지는 마세요. 슬라임을 좀 더 끈적끈적하게 만들고 싶다면 따뜻한 물을 사용하는 것이 좋습니다. 그러나 화상의 위험이 있기 때문에 끓는 물을 사용하지는 마세요. 슬라임을 다 가지고 놀았다면 손을 깨끗이 씻어서 집안에 있는 가구들에 묻지 않도록 하세요.

시간: 20분 **난이도:** 보통

준비물

내유지(신문지도 가능), 밀폐 용기, 식용색소, 접착테이프, 숟가락, 주걱, 샴푸 120ml, 따뜻한 물, 큰 그릇, 옥수수 전분 500g(종이컵 약 3컵)

1 실험할 공간의 바닥에 내유지를 깔고 테이프로 고정시키세요. 큰 그릇에 식용색소를 넉넉하게 부으세요. 그리고 거기에 샴푸를 넣으세요. 샴푸가 얼마나 천천히 흐르는지 관찰하세요(이런 끈적끈적한 특성을 '점도'라고 합니다).

2 큰 그릇에 옥수수 전분을 부은 후 잘 섞이도록 주걱으로 저어 주세요. 전분(가루)이 많고 물기가 아직 없기 때문에 처음에는 쉽지 않습니다. 그러나 걱정 마세요. 곧 물기가 많아질 테니까요.

원리 파헤치기

분자는 화합물에서 가장 작은 단위입니다. 전분 분자는 슬라임의 점도를 결정하는 물과 반응하지요. 분자들이 움직일 수 있는 동안에는 혼합물이 액체 상태가 됩니다. 그러나 갑자기 압력이 가해지면 분자들은 움직이지 못하기 때문에 혼합물이 액체처럼 흘러내릴 수 없게 됩니다.

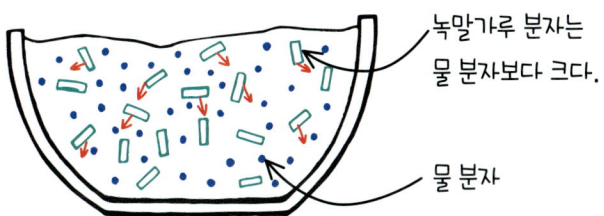

압력이 없는 상황

슬라임을 세게 누르지 않고 조심스럽게 다루는 동안에는 녹말가루 분자가 물 위에 떠 있는 상태이기 때문에 움직일 수 있습니다. 이것이 바로 슬라임을 걸쭉하고 천천히 흘러내리는 액체로 만드는 원리입니다.

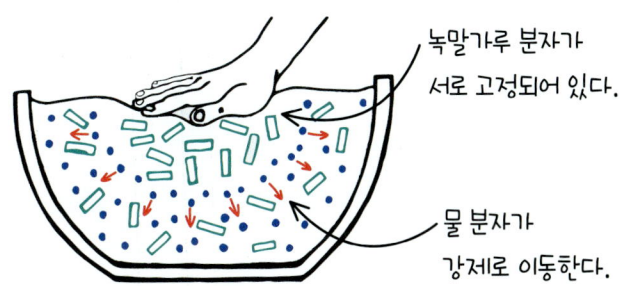

압력이 있는 상황

만약 슬라임을 세게 누르면 녹말가루 분자 사이에 고정되어 있던 물 분자가 빠져나오게 되면서 슬라임은 더 단단해집니다.

우리 주변의 과학

모래땅의 비밀

압력에 따라 점도가 변하는 액체를 '비뉴턴 유체'라고 합니다. 슬라임과 같은 '비뉴턴 유체'는 끈적끈적해지거나 고체처럼 단단해지지요. 그러나 모래땅(모래, 흙, 물의 혼합물)은 오히려 액체처럼 점점 묽어집니다. 만약 누군가 모래땅에 빠진다면 그 속에서 빠져나오려고 할수록 몸이 움직임 때문에 점점 가라앉게 될 것입니다.

3 따뜻한 물을 두어 숟가락 정도 넣으세요. 물이 옥수수 전분과 섞이도록 주걱으로 계속 저어 주세요. 이 혼합물 안에 있는 물과 옥수수 전분이 서로 결합하여 조직을 만들기 때문에, 물이 녹말(옥수수 전분을 이루는 물질)을 점점 부풀어 오르게 만듭니다.

4 혼합물이 점점 걸쭉한 반죽으로 변합니다. 한 덩어리를 떼어 낸 후 손으로 주무르다 보면 어느새 끈적끈적해집니다. 그러나 반죽을 바닥에 세게 내려치거나 쥐어짜면, 점도가 급격히 증가하여 고체처럼 단단해집니다.

5 이 슬라임을 고체로 바꾸기 위해 손으로 짓눌러 보거나 손바닥으로 치고, 테이블에 세게 내려쳐 보세요. 머지 않아 슬라임은 원래대로 되돌아올 것입니다. 계속 슬라임의 상태이길 바란다면 슬라임이 흐물흐물할 때 밀폐 용기에 넣으세요. 그러면 슬라임은 마르지 않고 약 한 달 후에도 다시 사용할 수 있습니다.

비밀 잉크

여러분이 비밀 편지를 쓰거나 보물 지도를 남모르게 그려 두고 싶을 때, 이 비밀 잉크만 있으면 문제없습니다. 가장 쉽고 효과적인 비밀 잉크 중 하나가 바로 레몬즙입니다. 레몬즙으로 종이에 글씨를 써 보세요. 글씨가 순식간에 사라질 것입니다. 글씨가 다시 보이도록 하려면 열을 가해 보세요. 글씨가 눈앞에 다시 나타날 것입니다.

유리병에 비밀 잉크를 보관하세요.

그림용 붓과 면봉은 비밀 잉크를 쓰기 좋은 도구입니다.

종이에 열을 가하는 순간 지도에 진한 갈색의 선들이 나타납니다.

보물 지도

이 지도는 하얀 종이에 레몬즙으로 그렸습니다. 하지만 뜨거운 오븐에 넣기 전까지는 보이지 않습니다. 열을 가하면 레몬즙이 묻은 종이에서 화학반응이 일어나는데 이때 갈색 선들이 보이면서 비밀 지도가 나타납니다.

비밀 잉크 만들기

이 실험에서 잉크는 순수한 레몬즙입니다. 레몬즙은 마르면 눈에 보이지 않습니다. 레몬즙으로 쓴 글씨나 지도가 다시 보이게 하려면 종이를 뜨거운 오븐에 넣으면 됩니다. 오븐에 종이를 넣을 때는 어른의 도움을 받아 정해진 온도에 맞추도록 하세요. 제시된 온도보다 더 높게 설정하면 종이에 불이 붙을 수 있으니 주의해야 합니다. 혹시 가스 오븐을 사용할 경우 종이를 점화구에서 멀리 떨어뜨려 놓는 것을 절대 잊지 마세요.

시간: 45분   난이도: 보통

주의 사항
오븐이 뜨거우니 주의하세요. 어른의 도움을 꼭 받으세요.

준비물

흰색 종이
도마
작은 그릇
나이프
레몬
면봉

오븐용 장갑

그리고 오븐이 필요합니다!

1 레몬을 반으로 자른 후 즙을 짜내서 작은 그릇에 담으세요. 레몬에서 즙을 최대한 다 짜냈으면 남은 레몬 과육과 껍질은 쓰레기통에 버리세요. 그다음 손을 깨끗이 씻은 후 물기를 완전히 닦으세요.

2 면봉을 레몬즙에 살짝 담갔다가 꺼낸 후 종이 위에 그림을 그리거나 글씨를 쓰세요. 처음에는 레몬즙으로 그린 선이나 글씨가 눈에 보이지만 레몬즙이 마르면 아무것도 보이지 않습니다.

비밀 잉크 만들기   17

3 어른의 도움을 받아서 오븐 온도를 200℃로 맞추세요. 오븐이 설정한 온도에 이르면 오븐용 장갑을 끼고 종이를 올려놓은 오븐용 쟁반을 오븐 안으로 집어넣으세요.

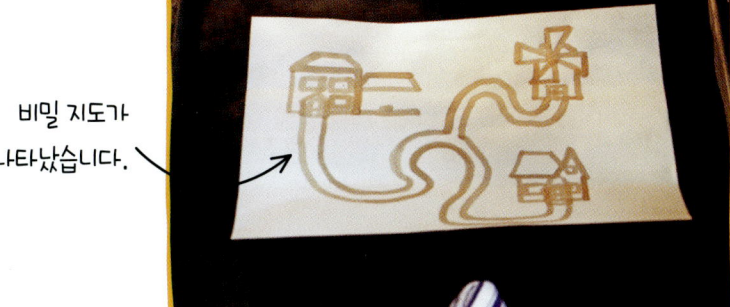

비밀 지도가 나타났습니다.

4 30분 정도 지난 후에는 보이지 않던 글씨나 그림이 생겨나게 됩니다. 어른의 도움을 받아 오븐용 장갑을 끼고 오븐에서 쟁반을 꺼내 열을 식힐 수 있는 곳으로 옮기도록 합니다.

5 쟁반이 식으면 종이를 들어 보세요. 금방이라도 부스러질 것 같은 느낌입니다. 오븐의 열이 종이를 바싹 건조시켰고 종이에서 열이 남아 있는 부분은 누렇게 됩니다.

누렇게 변한 부분 때문에 종이가 오래된 것처럼 보입니다.

갈색으로 바뀐 부분은 레몬즙이 아니라 사실 종이입니다.

종이는 시간이 지날수록 서서히 갈색으로 바뀝니다. 그런데 레몬즙을 바르고 열을 가하면 이 과정이 더 빨라집니다.

원리 파헤치기

종이는 '셀룰로오스'라는 화합물로 이루어져 있습니다. 비교적 큰 분자인 셀룰로오스(섬유소) 분자 한 개는 작은 분자인 '글루코오스(포도당)' 수천 개의 결합으로 이루어져 있지요. 레몬즙에 있는 구연산은 이 글루코오스 분자들 사이의 결합을 약하게 만들어서 이들 중 몇 개는 완전히 결합이 풀리게 됩니다. 여기서 종이에 170℃ 이상의 열을 가하면 결합이 완전히 풀린 분자들이 '캐러멜화'라고 하는 화학반응을 거치면서 함께 반응합니다. 이를 통해 갈색을 띠는 새로운 화합물이 만들어져서 비밀 잉크가 눈에 보이게 되는 것입니다.

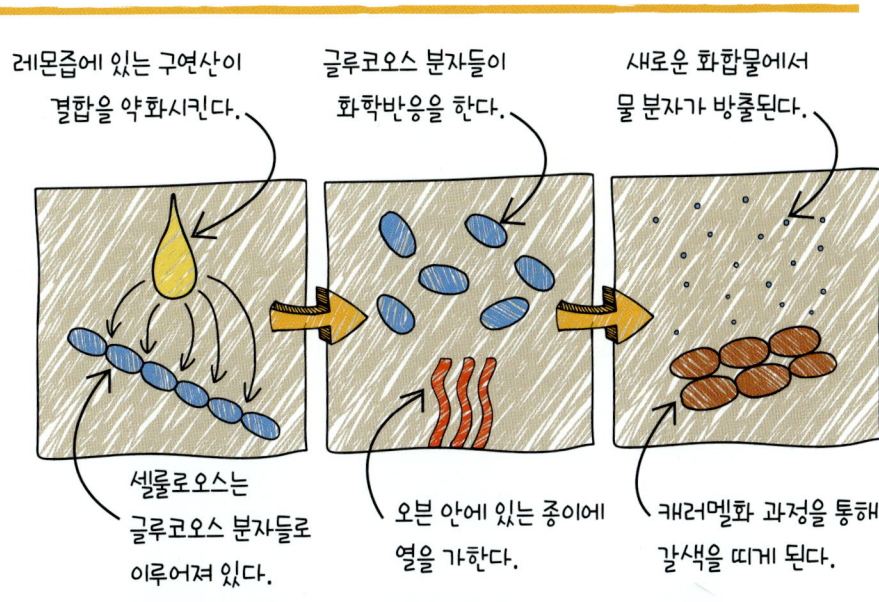

레몬즙에 있는 구연산이 결합을 약화시킨다.

글루코오스 분자들이 화학반응을 한다.

새로운 화합물에서 물 분자가 방출된다.

셀룰로오스는 글루코오스 분자들로 이루어져 있다.

오븐 안에 있는 종이에 열을 가한다.

캐러멜화 과정을 통해 갈색을 띠게 된다.

베이크드 알래스카

아이스크림을 뜨거운 오븐에 넣으면 어떻게 될까요? 몇 분 이내에 녹고 말 것입니다. 하지만 우리에게 열전달의 원리를 알게 해 줄 이 맛있는 디저트인 베이크드 알래스카는 절대로 녹지 않습니다. 게다가 맛있기까지 합니다. 실험 재료를 먹는 일이 흔하지는 않지만 이번만은 예외입니다. 이번 실험은 함께 나눠 먹기 위한 것입니다.

베이크드 알래스카의 안쪽은 차갑습니다.

정말입니다! 열이 쉽게 통과하지 못하는 재료로 아이스크림을 둘러싸기만 하면 뜨거운 오븐에 아이스크림을 넣을 수 있습니다. 이런 재료를 단열재라고 부릅니다. 베이크드 알래스카에는 2개의 단열재가 있는데요. 그건 바로 거품을 낸 달걀흰자와 빵입니다.

오븐에 구운 아이스크림은 녹지 않았습니다.

가볍고 푹신한 머랭은 놀랍게도 열을 잘 흡수하지 않습니다.

이 실험에서는 초콜릿 케이크를 시트로 사용했지만 여러분이 좋아하는 다른 빵을 사용해도 좋습니다.

베이크드 알래스카 만들기

이 신기한 케이크를 만드는 것은 굉장히 간단합니다. 이때 여러분은 과학자이면서도 요리사가 되어야 합니다. 왜냐하면 뜨거운 오븐과 같은 주방 기구를 사용하기 때문입니다. 주방 기구를 사용할 때에는 어른의 도움을 꼭 받으세요. 제일 밑에 시트 역할을 하는 빵은 이미 만들어진 빵을 구입해서 사용해도 되고 어른을 설득해서 도움을 받아 직접 만들 수도 있습니다. 실험을 시작하기 약 20분 전에 아이스크림을 냉장고에서 꺼내 놓아 부드러운 상태가 되게 하세요. 그리고 요리하기 전에는 항상 손을 깨끗이 씻어야 한다는 것을 잊지 마세요.

난이도: 어려움

시간: 45분, 한 시간의 기다림

주의 사항
오븐이 매우 뜨거우니 어른의 도움을 받으세요.

준비물

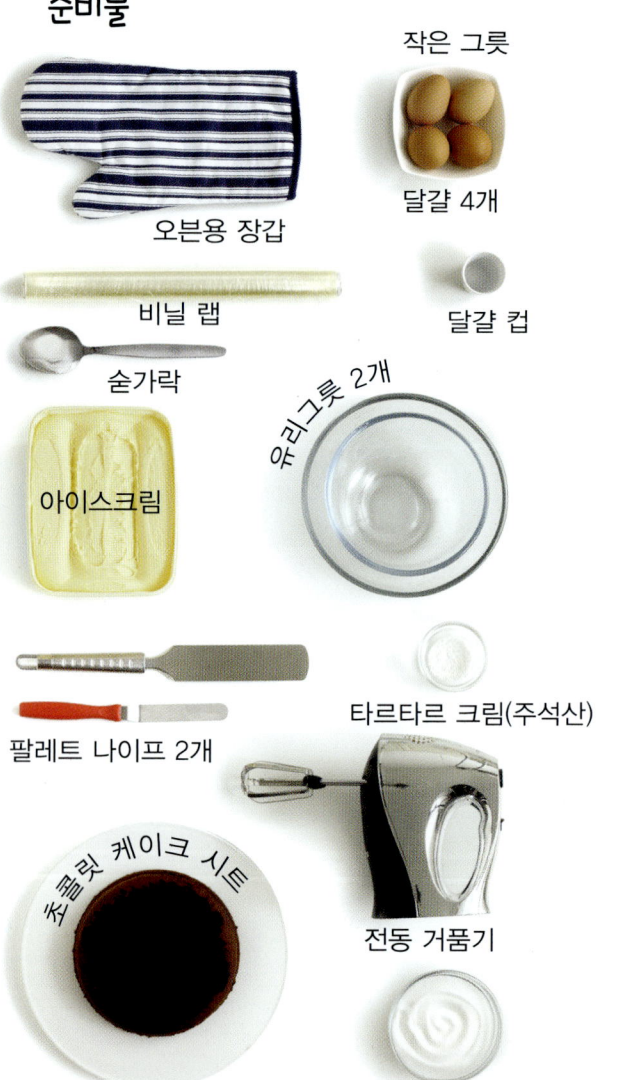

- 오븐용 장갑
- 작은 그릇
- 달걀 4개
- 비닐 랩
- 달걀 컵
- 숟가락
- 유리그릇 2개
- 아이스크림
- 팔레트 나이프 2개
- 타르타르 크림(주석산)
- 초콜릿 케이크 시트
- 전동 거품기
- 설탕 400g

그리고 오븐이 필요합니다!

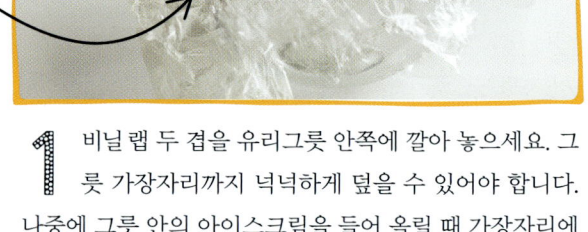

가장자리의 랩을 너무 깔끔하게 정리하지 않아도 괜찮습니다.

1 비닐 랩 두 겹을 유리그릇 안쪽에 깔아 놓으세요. 그릇 가장자리까지 넉넉하게 덮을 수 있어야 합니다. 나중에 그릇 안의 아이스크림을 들어 올릴 때 가장자리에 있는 비닐 랩으로 잡아 올려야 하니까요.

아이스크림이 숟가락으로 잘 안 떠지면 몇 분 정도 기다린 후 다시 해 보세요.

2 숟가락으로 아이스크림을 떠서 그릇의 약 2/3까지 채우세요. 숟가락의 뒷면을 이용하여 채워진 아이스크림의 윗부분을 꾹꾹 눌러서 편평하게 만드세요. 그다음 그릇을 냉동실에 약 한 시간 정도 넣어 두세요.

베이크드 알래스카 만들기   21

3 오븐을 230℃로 맞추고 미리 가열하세요. 그다음 머랭을 만들기 위해 달걀을 반으로 갈라 작은 그릇에 담으세요. 만약 달걀 껍데기 조각이 빠졌다면 노른자가 깨지지 않게 조심스럽게 건져 내세요.

달걀흰자를 분리하는 동안 작은 그릇을 꼭 잡으세요.

4 머랭을 만들 때는 달걀흰자만 사용합니다. 노른자를 분리하기 위해 작은 달걀 컵으로 노른자를 덮고 달걀흰자를 유리그릇에 따르세요. 작은 컵이 없다면 달걀 껍데기 반쪽의 움푹한 곳에 노른자를 담았다가 다른 한쪽 껍데기로 노른자를 옮겨 보세요. 이 과정을 서너 번 반복하면 달걀흰자가 분리됩니다. 남은 달걀 세 개도 같은 방법으로 달걀흰자를 분리하세요.

5 그릇 밑바닥에서부터 달걀 거품이 올라올 때까지 전동 거품기로 달걀흰자를 저으세요. 이때 필요하면 어른에게 도움을 요청하세요. 그다음 타르타르 크림(주석산)을 찻숟가락의 반 정도 넣으세요. 다시 거품을 내면서 몇 초마다 전동 거품기를 멈추고 달걀 상태를 확인하세요. 묽었던 달걀흰자가 형태를 갖추기 시작합니다.

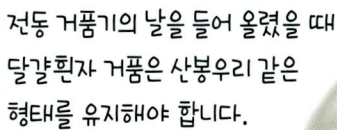

젖은 손으로 전동 거품기를 사용하지 마세요. 다 사용한 후에는 플러그를 꼭 빼놓으세요.

6 전동 거품기를 멈추고 달걀흰자 거품에 설탕을 조금씩 넣으면서 전동 거품기를 다시 작동시키세요. 거품이 윤기가 나고 뻣뻣해질 때까지 휘젓기를 멈추지 마세요. 전동 거품기를 다 사용한 후 거품기의 날을 씻을 때에는 어른에게 도움을 요청하세요.

전동 거품기의 날을 들어 올렸을 때 달걀흰자 거품은 산봉우리 같은 형태를 유지해야 합니다.

7 아이스크림이 담긴 그릇을 냉동실에서 꺼내세요. 그다음 그릇 가장자리의 비닐 랩을 잡고 천천히 들어 올려 아이스크림을 그릇에서 분리시키세요. 아이스크림을 뒤집어서 빵 위에 올리세요. 아이스크림이 빵 시트의 가장자리를 덮지 않도록 아이스크림의 위치를 조절하세요. 그리고 조심스럽게 비닐 랩을 벗겨 내세요.

머랭으로 아이스크림과 빵 시트를 전부 덮어서 빈틈이나 공간이 없게 하세요.

8 이 단계는 특별히 주의를 기울여 신속하게 끝내야 합니다. 어른의 도움을 받아 아이스크림과 케이크 전체에 팔레트 나이프로 머랭을 넓게 펴 바르세요. 그다음 오븐용 장갑을 끼고 오븐용 접시를 예열된 오븐에 넣어 3분 동안 또는 표면이 갈색으로 변할 때까지 구우세요.

9 베이크드 알래스카를 오븐에서 꺼낼 준비가 되었습니다. 겉모양이 아주 근사합니다. 오븐용 접시는 매우 뜨거우니 어른의 도움을 받아 오븐용 장갑을 끼고 접시를 꺼내세요. 그다음 뜨거운 물건을 올려놔도 되는 안전한 장소에 약 1분 정도 놓아두세요.

오븐에서 막 꺼냈을 때 머랭은 매우 뜨겁습니다.

아이스크림은 여전히 차갑습니다!

빵 시트는 뜨거운 접시와 아이스크림 사이에서 열을 느리게 전달합니다.

10 드디어 여러분이 기다리고 기다리던 순간이 왔습니다. 베이크드 알래스카를 잘라서 안을 살펴보세요. 아주 놀라운 점을 발견할 수 있습니다. 뜨거운 오븐 안에 있었는데도 아이스크림은 여전히 차갑고 단단합니다. 혼자 먹기에는 너무 많은가요? 그렇다면 친구나 가족을 불러 파티를 해 볼까요!

한 걸음 더 나아가기

빵 시트 대신 비스킷을 이용해서 베이크드 알래스카를 만들어 보세요. 비스킷은 빵 시트보다 얇기 때문에 오븐 안에 있는 뜨거운 공기가 아이스크림으로 전달되는 열을 덜 차단할 것입니다. 그래서 비스킷을 사용할 경우 오븐으로 요리하는 시간을 줄여야 하기 때문에 달걀 거품 두께를 조금 얇게 발라야 합니다. 우리의 아이스크림이 무사히 녹지 않기를 바랍니다.

원리 파헤치기

달걀흰자는 약간의 당분이 녹아 있는 물로 이루어져 있는데 여기에는 추가로 알부민이라고 부르는 긴 모양의 단백질 분자들이 포함되어 있습니다. 자연 상태에서 알부민 분자는 감겨 있습니다. 그러나 달걀흰자를 휘저으면 감겨 있던 분자들이 풀리게 됩니다. 그리고 이 분자들이 서로 연결되면서 이들 사이에 작은 공기층이 생깁니다. 공기는 좋은 단열재인데요. 이것은 열이 공기를 통해 전달될 때 속도가 매우 느리다는 것을 의미합니다. 그래서 베이크드 알래스카의 표면은 빨리 익지만 열이 공기층을 지나 아이스크림에 도달하기 위해서는 더 많은 시간이 필요합니다.

이 디저트는 먹고 나면 매우 추워지기 때문에 '미국의 알래스카주'에서 이름을 따왔습니다.

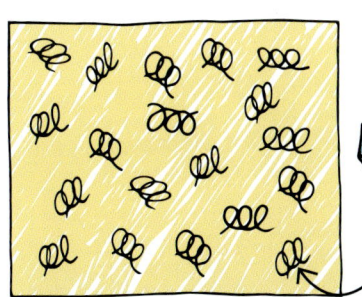

달걀흰자는 90%가 물이고 10%가 단백질입니다. 달걀흰자를 끈적끈적하게 하는 것이 바로 단백질입니다.

알부민이라는 기다란 단백질 분자가 감겨 있습니다.

공기 방울이 생깁니다.

달걀흰자를 휘저으면 알부민 분자들이 풀리고 수많은 작은 공기 방울과 만납니다.

알부민 분자들이 연결되기 시작합니다.

뻣뻣한 거품이 만들어졌습니다.

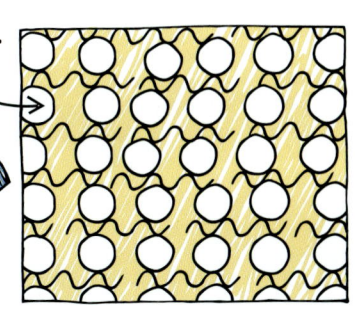

알부민 분자들이 연결되면서 공기 방울을 가둡니다. 달걀흰자 거품이 가열되면 갈색으로 변하고 단단해지는데요, 이것이 바로 머랭입니다.

우리 주변의 과학

놀라운 이글루의 비밀

달걀흰자 거품처럼 많은 공기층을 갖고 있는 눈은 좋은 단열재가 됩니다. 바로 이런 이유 때문에 이글루 안에서 사람이 따뜻하게 생활할 수 있습니다. 이글루는 캐나다 북부, 알래스카, 그린란드에 사는 원주민들이 눈 벽돌을 이용하여 만든 전통 가옥입니다.

온기 보존의 원리

사람의 몸에서 나오는 열이 이글루 안의 공기를 따뜻하게 만듭니다. 그리고 눈 벽돌은 열이 손실되지 않게 해 줍니다. 요즘에는 탐험가와 등반가들이 눈보라를 만났을 때 생존하기 위해 이글루를 만듭니다.

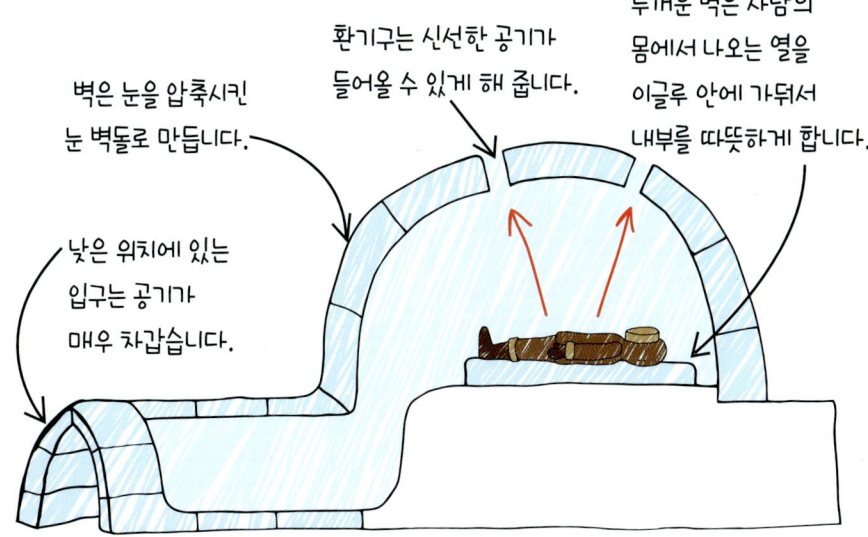

벽은 눈을 압축시킨 눈 벽돌로 만듭니다.

환기구는 신선한 공기가 들어올 수 있게 해 줍니다.

두꺼운 벽은 사람의 몸에서 나오는 열을 이글루 안에 가둬서 내부를 따뜻하게 합니다.

낮은 위치에 있는 입구는 공기가 매우 차갑습니다.

몬스터 마시멜로

부엌에서 놀라운 일이 벌어졌습니다. 마시멜로를 좋아하는 사람이라면 이번 실험이 아주 마음에 들 것입니다. 부드럽고 끈적거리면서 맛있는 마시멜로가 거대한 몬스터로 변신하기 때문입니다. 여러분의 눈앞에서 마시멜로가 마치 오븐에 구운 빵이나 케이크처럼 부풀어 오르는 것을, 그것도 아주 빠르게 부풀어 오르는 것을 보게 될 것입니다. 이 모든 일은 전자레인지 안에서 약 30분 만에 일어납니다. 눈앞에 벌어지는 모습이 너무 재미있어서 여러분은 이 실험을 여러 번 하고 싶어질 것입니다. 이제 마시멜로를 한 상자 구입한 후 깜짝 놀랄 준비만 하면 됩니다.

이 달콤한 간식은 이번 실험을 위해 준비된 것입니다.

다양한 색깔의 마시멜로라면 더 좋겠지요.

많은 양의 뜨거운 공기

이 몬스터 마시멜로 안에 유령 같은 건 없습니다. 마시멜로가 부풀어 오르는 이유는 바로 마시멜로 안에 뜨거운 공기가 많아졌기 때문입니다. 전자레인지에서 꺼낸 마시멜로는 매우 뜨겁고 끈적거린다는 사실을 잊지 마세요.

마시멜로에 열을 가하면 믿을 수 없을 정도로 빠르게 부풀어 오릅니다.

전자레인지에 넣은 접시가 회전하기 때문에 마시멜로는 골고루 열을 받습니다.

몬스터 마시멜로 만들기

이 실험은 정말 쉽고 간단하고 재밌습니다. 실험에 필요한 것은 전자레인지와 전자레인지용 접시 그리고 마시멜로 몇 개뿐입니다. 마시멜로를 너무 오랫동안 가열하지는 마세요. 그럴 경우 갈색으로 변하면서 맛이 안 좋아지기 때문입니다. 오븐에서 가열된 마시멜로는 끈끈해지기 때문에 마시멜로를 먹기 전에 미리 전자레인지에서 꺼내 놓거나 몇 분 정도 기다린 후 꺼내세요. 매우 뜨거워서 입을 데일 수 있으니 주의하세요.

시간: 3분

난이도: 쉬움

주의 사항
전자레인지를 사용할 때 어른의 지시를 따르세요.

준비물

전자레인지용 접시 위에 놓인 마시멜로 그리고 전자레인지도 필요하겠지요!

1 마시멜로를 접시에 올린 다음 전자레인지에 넣으세요. 마이크로파는 마시멜로를 매우 빠르게 가열할 수 있는 눈에 보이지 않는 전자파입니다.

2 전자레인지의 문을 닫은 다음, 시간을 30초로 설정한 후 '시작' 버튼을 누르세요. 강력한 전자파가 전자레인지 내부에서 반사되며 마시멜로를 통과하면 마시멜로는 이 에너지를 모두 흡수하게 됩니다.

3 전자레인지에서 조금 떨어져 전자레인지 안을 주의 깊게 관찰하세요. 약 15초 정도 후면 마시멜로가 점점 커지기 시작합니다.

4 시간이 다 되면 접시를 조심해서 꺼내세요. 마시멜로가 매우 뜨거우니 닿지 않게 주의하세요. 1분 정도 실험을 더 해 보세요. 무슨 일이 일어날 것 같나요?

한 걸음 더 나아가기

순식간에 끈적끈적해지는 실험에 도전해 보세요. 마시멜로가 매우 뜨거워질 수 있으니 주의하세요. 이번만큼은 어른의 도움이 꼭 필요합니다.

1 작은 마시멜로를 몇 개를 전자레인지용 접시에 작은 피라미드 모양으로 쌓아 놓으세요. 완벽한 피라미드를 쌓으려면 시간이 좀 걸릴 겁니다.

마시멜로가 순식간에 부풀어서 접시를 가득 덮을 것입니다.

2 전자레인지의 시간을 30초로 맞춘 후 작동시키세요. 마시멜로들이 부글거리며 부풀어 올랐다가 가라앉으면서 하나로 합쳐지는 것을 볼 수 있습니다.

눈앞에서 마시멜로의 형태가 남지 않은 채 납작해진 것을 보게 될 것입니다.

3 자! 좀 더 신기한 것을 볼 준비가 되었나요? 시간 설정을 30초로 맞춘 후 전자레인지를 한 번 더 작동시켜 보세요. 이번엔 어떻게 되었나요? 매우 끈적거리는 뜨거운 액체가 접시에 담겨 있을 것입니다.

원리 파헤치기

마시멜로를 만져 보면 푹신푹신합니다. 그 안에 수천 개의 작은 공기주머니가 있기 때문입니다. 공기 같은 기체는 빠른 속도로 움직이다가 어떤 표면에 부딪히면 반사되어 나오는 성질의 자유롭게 움직일 수 있는 분자들로 구성되어 있습니다. 기체에 열을 가하면 분자들의 이동 속도가 더 빨라져서 내부 압력을 상승시킵니다. 따라서 마시멜로를 가열하면 그 안에 있던 각각의 작은 공기주머니가 풍선처럼 부풀어 올라 마시멜로가 커지는 것입니다.

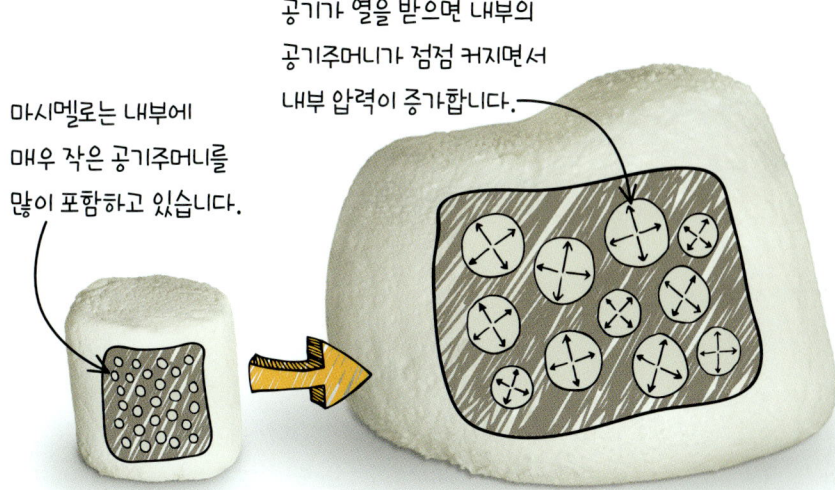

마시멜로는 내부에 매우 작은 공기주머니를 많이 포함하고 있습니다.

공기가 열을 받으면 내부의 공기주머니가 점점 커지면서 내부 압력이 증가합니다.

열을 받지 않은 마시멜로 내부의 공기주머니는 크기가 작고 안정적입니다.

내부의 공기는 빠르게 팽창하며 마시멜로의 부드럽고 달콤한 내부 벽을 밀게 됩니다.

우리 주변의 과학
입에서 녹아요!

입안에서 살살 녹는 마시멜로 안에 있는 젤라틴은 걸쭉한 물질로 사람의 체온인 37℃ 정도에서 충분히 녹습니다. 이것이 바로 마시멜로가 '입안에서 살살 녹는' 이유입니다. 마시멜로는 열을 많이 가하지 않아도 쉽게 녹는 성질을 가지고 있습니다. 이로 인해 조금만 가열해도 부드러워진 마시멜로는 쉽게 팽창할 수 있습니다. 입안에서 살살 녹는 또 다른 것으로 초콜릿이 있는데요. 초콜릿을 만드는 사람들은 초콜릿이 사람들의 입안에서 쉽게 녹아 퍼지도록 제조 방법을 세심하게 조절한답니다.

크리스털 막대사탕

여러분이 직접 막대사탕을 만들어 먹을 수 있다는 것이 믿겨지나요? 이번에 소개할 실험에서 여러분은 맛있는 형형색색의 막대사탕을 만들 수 있습니다. 무수히 많은 설탕 분자들이 서로 엉겨 붙어 점점 커지면서 반짝반짝 빛나는 크리스털 같은 막대사탕이 만들어집니다. 먹을 수 있을 만큼 큰 막대사탕을 만들려면 일주일 정도 걸리지만 기다릴 만한 가치가 있습니다.

특별한 조언

사탕을 너무 많이 먹는 것은 건강에 좋지 않으며 치아에 손상을 줄 수 있습니다. 그러나 가끔은 괜찮으니 안심하세요! 이 막대사탕은 톡 쏘는 듯한 레몬 맛이 납니다. 식용색소를 사용하면 다양한 색깔의 막대사탕을 만들 수 있습니다.

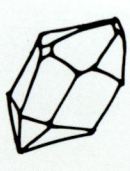

큰 설탕 결정을 만들려면 최소한 며칠의 시간이 필요합니다.

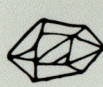

나무 꼬치로 막대사탕의 막대를 만드세요.

반짝거리는 막대사탕을 만들고 싶다면 다양한 식용색소를 이용하세요.

크리스털 막대사탕 만들기

이 실험은 복잡하지 않지만 먹을 수 있을 정도의 크기로 막대사탕을 만들려면 최소한 며칠의 시간이 걸립니다. 때문에 약간의 인내심이 필요하지요. 끓는 물에 설탕을 녹이려면 뜨거운 냄비를 다뤄야 하기 때문에 실험 시작 전에 어른에게 도움을 요청하세요. 또 냄비에 있는 재료를 덜어 내는 것이 어려울 경우에도 어른에게 도움을 요청하세요. 한 번 냄비를 끓이면 여러 개의 막대사탕을 만들 수 있습니다.

시간: 20분, 설탕 결정이 생겨나는 시간 약 일주일

난이도: 보통

주의 사항
가스레인지와 뜨거운 물을 다루기 때문에 어른의 도움이 꼭 필요합니다.

준비물

- 설탕 1kg
- 좁고 기다란 유리컵 (막대사탕 1개당)
- 키친타월
- 식용색소
- 나무 꼬치
- 주걱
- 레몬
- 빨래집게
- 200g의 물이 담긴 소스용 냄비

여기에 추가로 가스레인지도 필요합니다.

설탕이 덩어리로 뭉치지 않도록 골고루 넓게 부으세요.

가스레인지의 받침대가 매우 뜨거우니 어른의 도움을 받으세요.

1 설탕 용액의 농도가 높을수록 설탕 결정이 더 커집니다. 그래서 적은 양의 물에 많은 양의 설탕을 녹여야 합니다. 소스용 냄비에 200g의 물을 채운 후 가스레인지에 올립니다. 그다음 800g의 설탕을 냄비에 넣습니다. 어른의 도움을 받아서 가스레인지를 켠 후 화력을 강으로 조절합니다.

크리스털 막대사탕 만들기   31

2 물이 뜨거워지면 주걱으로 냄비 안의 설탕물을 천천히 저어 주세요. 이때 뜨거운 설탕 용액이 주변으로 튀지 않도록 주의하세요. 만약 무섭거나 겁이 나면 이 단계는 어른의 도움을 받으세요. 주걱으로 젓다 보면 곧 설탕이 점점 사라집니다. 계속 저어 주세요.

3 약 3분 정도 설탕 용액을 가열하세요. 단, 설탕 용액이 끓지 않게 해야 합니다. 만약 설탕 용액의 표면에서 거품이 올라오면 화력을 줄이세요. 몇 분이 지나고 설탕 시럽이 만들어지면 불을 끄세요.

4 설탕 시럽이 식는 동안 식용색소를 넣으세요. 10방울 정도면 충분하니까 천천히 조심스럽게 떨어뜨리세요. 새콤달콤한 맛을 내기 위해 반으로 자른 레몬에서 짜낸 즙도 함께 넣고 잘 저으세요.

이 정도 설탕 시럽이면 막대사탕을 여러 개 만들 수 있어요!

여기 붙어 있는 설탕 알갱이들 덕분에 순수한 설탕 결정들이 점점 커질 수 있습니다.

5 나무 꼬치의 절반 정도를 물에 적신 후 남아 있는 설탕에 담갔다 꺼내세요. 나무 꼬치에 달라붙은 설탕 알갱이가 앞으로 설탕 결정이 커지는 데 도움이 될 것입니다. 막대사탕 하나당 나무 꼬치 한 개가 필요합니다.

6 약 10분 정도 지난 후 설탕 용액이 충분히 식으면 유리컵에 부으세요. 혹시 설탕 용액이 아직 뜨겁다면 조금 더 기다리세요. 막대사탕을 여러 개 만들고 싶으면 유리컵을 몇 개 더 준비하고 설탕 용액을 그곳에 부어 주세요.

32 크리스털 막대사탕

7 설탕이 묻은 쪽이 설탕 용액에 잠기도록 나무 꼬치를 유리컵에 넣으세요. 그리고 빨래집게로 나무 꼬치를 잡아서 유리컵 위에 걸쳐 놓으세요. 이때 나무 꼬치가 유리컵 바닥에 닿지 않도록 주의하세요. 머지않아 설탕 용액에 있는 설탕 분자가 나무 꼬치에 묻은 설탕 알갱이에 달라붙기 시작할 것입니다.

8 박테리아나 세균은 설탕 용액에서 살지 못하지만, 그래도 설탕 용액을 깨끗한 곳에 두세요. 먼지나 벌레가 들어가는 것을 막기 위해 나무 꼬치에 키친타월을 끼워서 유리컵을 꼼꼼히 덮으세요. 설탕 결정은 진동에 민감하니 조심해서 다뤄야 합니다.

9 설탕 용액이 담긴 컵을 안전한 장소에서 며칠 동안 보관하세요. 매일 설탕 결정이 얼마나 자랐는지 확인해 봅시다. 만약 설탕 결정이 용액 표면 위쪽까지 자랐다면 조심스럽게 긁어내 나무 꼬치에서 제거하세요. 이렇게 해야 막대사탕이 좀 더 커진답니다.

10 막대사탕이 충분히 커졌다면 용액에서 나무 꼬치를 꺼내 건조한 곳에 두세요. 이후에 여러분이 직접 만든 막대사탕을 맛보세요. 물론 막대사탕을 포장해서 선물할 수도 있습니다!

완성된 막대사탕들은 깨끗한 비닐로 포장하거나 냉장고에 보관하세요.

한 걸음 더 나아가기

식용색소가 아닌 먹을 수 없는 것을 설탕 용액에 넣으면, 여러분은 이 설탕 용액으로 멋진 장식품을 만들 수도 있습니다. 여기 설탕 결정이 자라기 좋게 미세한 털로 덮인 파이프 청소용 솔은 잘 구부러지기도 해서 재미있는 모양으로 만들어 볼 수 있습니다.

원리 파헤치기

각각의 설탕 알갱이는 일정한 구조로 결합된 무수히 많은 미세한 설탕 결정으로 이루어져 있습니다. 설탕을 물에 녹이면 설탕 분자들이 분리된 후 물 분자 사이에서 섞이게 되어 설탕 용액이 만들어집니다. 이번 실험에서 여러분이 만든 설탕 용액은 설탕 분자들이 매우 빽빽이 모여 있는 높은 농도의 용액입니다. 용액의 표면에서 물이 증발하면 용액의 농도는 점차 증가합니다. 용액 안에 있는 모든 분자들은 느린 속도로 이동합니다. 그러다 설탕 분자들이 나무꼬치에 발라져 있는 설탕 알갱이에 부딪히면 거기에 달라붙지요. 달라붙으면 붙을수록 결정은 점점 커지게 되고, 결국 맛있는 막대사탕이 만들어집니다.

단사정계 모양을 한 설탕 결정

결정의 모양

설탕 분자가 모이는 방식에 따라 결정의 모양이 달라집니다. 막대사탕을 구성하는 결정의 모양은 각각 다른 세 개의 단면으로 이루어져 있으며, 이를 '단사정계'라고 부릅니다.

- 빨래집게
- 나무 꼬치
- 물이 용액의 표면에서 증발(액체 상태에서 기체 상태로의 변화)하면 설탕 용액의 농도는 높아집니다.
- 설탕 분자(정사각형)가 물 분자(점)와 섞여 있다가, 시간이 지나면서 설탕 분자와 나무 꼬치에 붙어 있는 설탕 알갱이가 충돌합니다.
- 크기가 점점 커지면 막대사탕에는 수백 개의 설탕 결정이 생깁니다.

우리 주변의 과학
얼어붙은 서리

실험에서 물 분자 사이에 설탕 분자가 섞여 있는 것처럼 공기 중에는 물 분자와 산소 분자가 섞여 있습니다. 추운 계절에 물 분자는 물체의 표면에 달라붙어 서리라고 하는 얼음 표면을 만듭니다.

레몬 배터리

레몬으로 배터리를 만들 수 있다는 사실을 알고 있나요? 레몬 5개와 몇 개의 동전 그리고 전선만 있으면 LED에 달린 작은 전구를 밝히기에 충분한 에너지의 전류를 만들 수 있습니다. 그렇다면 레몬 100개로는 얼마나 밝은 빛을 낼 수 있을지 한번 상상해 봅시다!

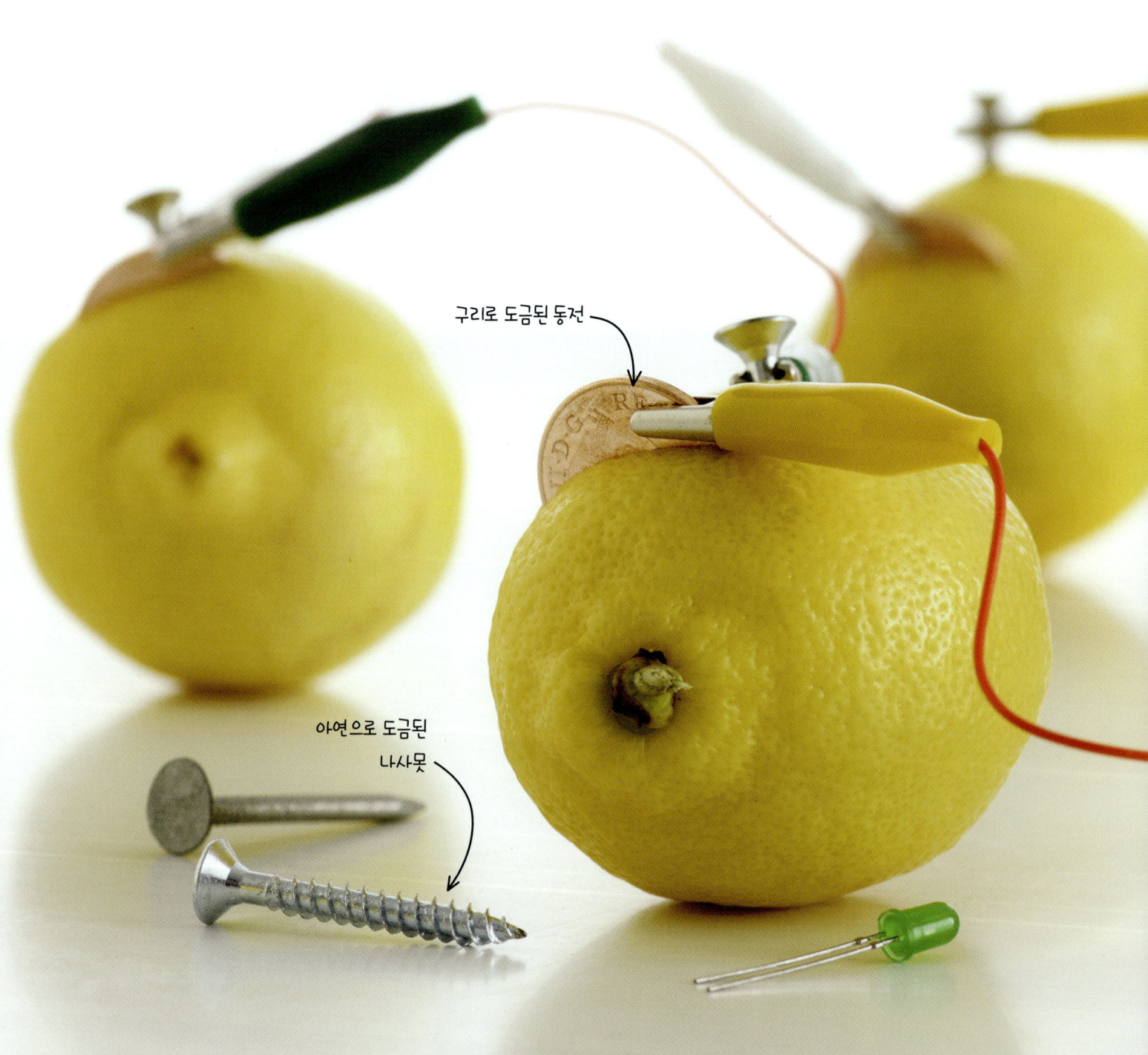

구리로 도금된 동전

아연으로 도금된 나사못

전지, 볼트(V) 그리고 배터리

동전 한 개와 나사못 한 개가 꽂혀 있는 레몬 1개를 전지 1개로 봅니다. 전지 1개는 약간의 전기에너지를 발생시키지만 LED 전구를 켜기에는 충분하지 않습니다. 전기에너지의 크기는 볼트(V)라는 단위로 측정되며 레몬 전지 1개에서는 0.8V의 전기에너지가 발생합니다. 따라서 LED 전구를 켜는 데 필요한 전기에너지를 만들려면 5개의 레몬 전지들을 서로 연결해야 합니다. 그리고 이처럼 여러 개의 전지들이 연결된 복합 전지를 배터리라고 부릅니다.

전선은 내부에 금속 도선이 있으며 동전과 나사못을 연결합니다.

LED는 모든 종류의 전자 기기에서 사용됩니다.

레몬 배터리 만들기

준비물을 구할 때 어른의 도움을 받으세요. 나사못은 아연 도금이 되어 있어야 합니다. LED와 악어 입 모양 집게 전선은 전자 상점에서 구할 수 있습니다. 이 실험은 안전하지만 전기는 위험하다는 사실을 명심하세요. 실험을 마친 후에는 레몬을 버려야 합니다. 실험에 사용한 레몬은 먹을 수 없으니까요.

시간: 15분

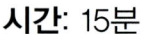
난이도: 보통

주의 사항
날카로운 칼을 사용할 때는 어른의 도움을 받으세요.

준비물

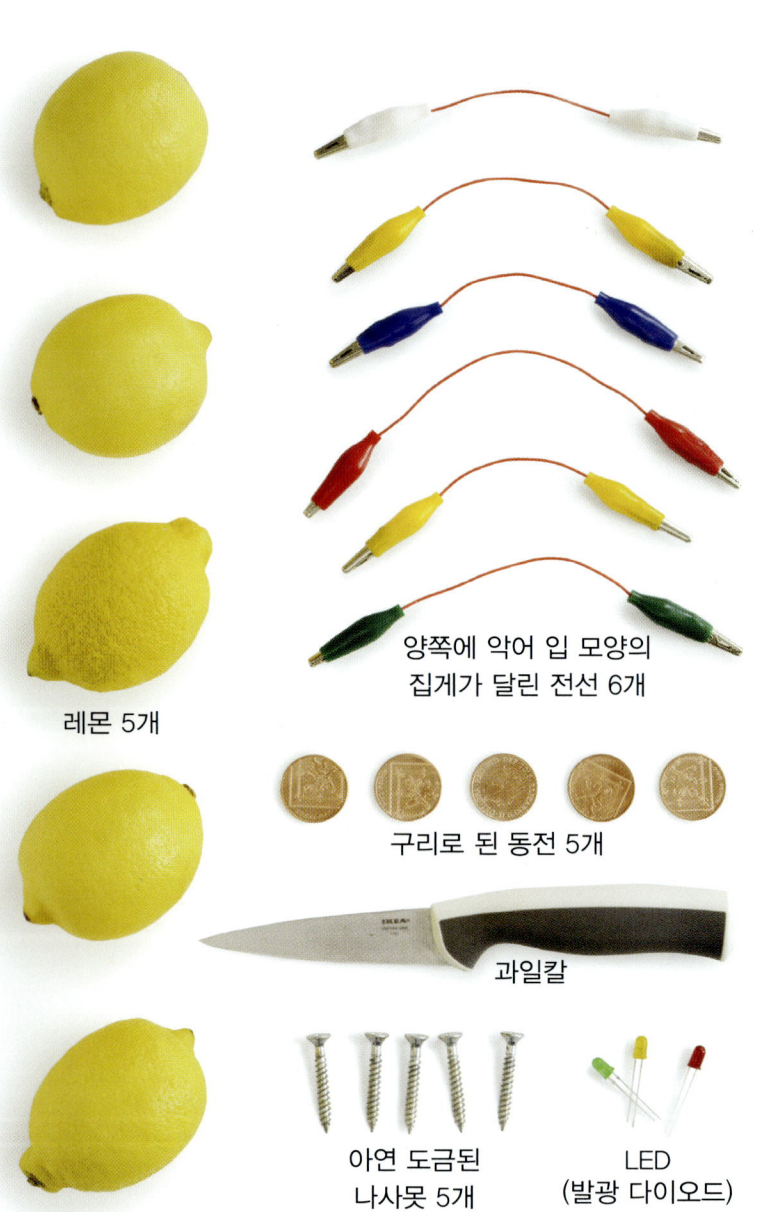

레몬 5개

양쪽에 악어 입 모양의 집게가 달린 전선 6개

구리로 된 동전 5개

과일칼

아연 도금된 나사못 5개

LED (발광 다이오드)

1 어른의 도움을 받아서 과일칼로 레몬의 가운데 부분에 칼집(약 2cm 깊이와 1cm 폭)을 내세요. 그 틈으로 동전을 집어넣어 레몬에 고정시키세요. 같은 방법으로 나머지 4개의 레몬에도 동전을 고정시키세요.

2 레몬에 끼운 동전 옆으로 약 1cm 떨어진 지점에 아연 도금된 나사못을 찔러 넣고 시계 방향으로 돌려서 레몬 과육에 고정시키세요. 같은 방법으로 나머지 4개의 레몬에도 나사못을 고정시킵니다. 그다음 회로를 만들기 위해 5개의 레몬들을 원 모양으로 배열하세요.

레몬 배터리 만들기   37

3 악어 입 모양 집게 전선의 집게를 손가락으로 집어서 악어 입처럼 벌리세요. 그다음 레몬 1개에 고정된 나사못에 연결시키세요. 집게 전선의 다른 쪽 집게를 다른 레몬의 동전에 연결시키세요.

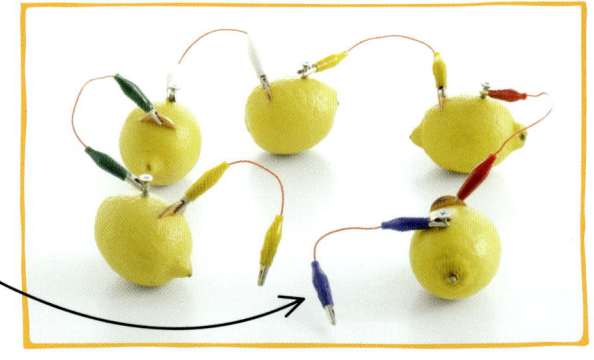

첫 번째 레몬과 마지막 레몬에 연결된 각각의 전선은 서로 연결하지 않습니다.

4 앞에서 한 것처럼 집게 전선으로 서로 다른 레몬들의 동전과 나사못을 집어서 모든 레몬들을 서로 연결시키세요. 마지막 레몬에서는 집게 전선을 동전에만 연결시키고 다른 레몬의 나사못에는 연결하지 마세요.

5 LED에는 길이가 약간 다른 2개의 다리가 있습니다. 첫 번째 레몬에서 동전에 연결된 집게 전선의 반대쪽 집게를 LED의 다리 중 긴 쪽에 연결시킵니다.

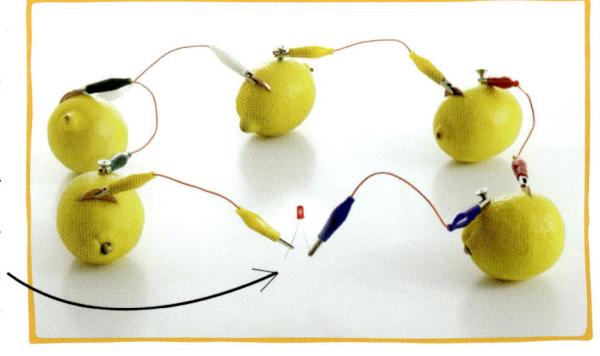

LED 전구의 밝기가 약하면 나사못이나 동전을 좀 더 레몬 안쪽으로 집어넣으세요.

6 마지막 레몬에서 나사못에 연결된 집게 전선의 반대쪽 집게를 LED의 다리 중 짧은 쪽에 연결시킵니다. 이것으로 LED 전구를 밝힐 수 있는 전기회로가 완성되었습니다.

원리 파헤치기

LED 전구를 밝히는 전류는 전자라고 불리는 무수히 많은 작은 입자들의 움직임에 의해 만들어집니다. 모든 원자 안에는 전자가 있습니다. 아연이 레몬즙에 닿아서 용해되면 나사못에 있는 아연 원자 1개당 2개의 전자가 방출됩니다. 모든 전자는 음의 전기를 띤 전하로 되어 있습니다. 그리고 전선 안에서 전자들이 움직일 때에는 서로 밀어냅니다. 전자들은 구리 동전에 도달하면 계속 회로 내에서 이동할 수 있게 하는 또 다른 화학반응에 참여합니다.

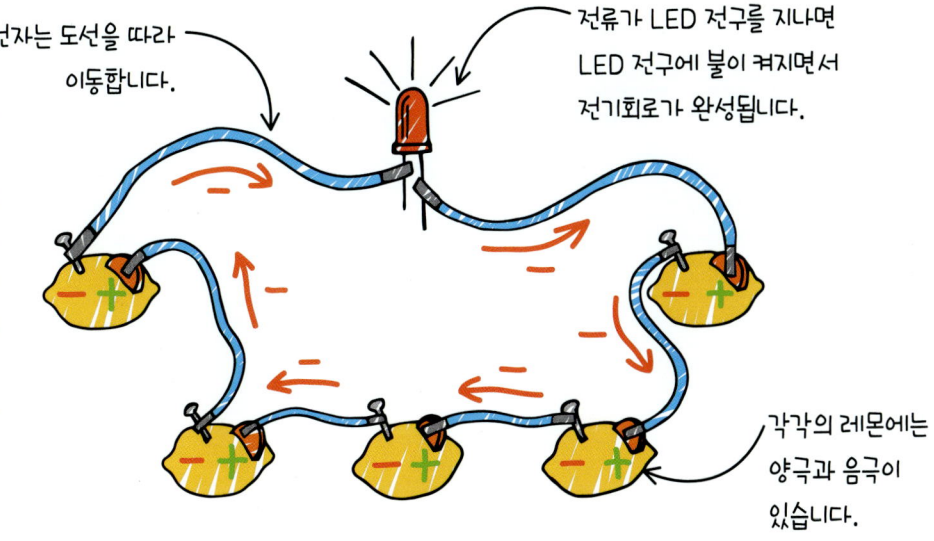

전자는 도선을 따라 이동합니다.

전류가 LED 전구를 지나면 LED 전구에 불이 켜지면서 전기회로가 완성됩니다.

각각의 레몬에는 양극과 음극이 있습니다.

쉽게 구할 수 있는 재료로 하는 실험

종이, 고무 밴드, 풍선 같은 일상생활에서 사용하는 물건으로 할 수 있는 실험이 있다는 것은 무척 놀라운 일입니다. 이번 장에서 할 실험 중 DNA의 구조를 이해하거나 태양계 내의 행성을 찾는 실험에서는 특별한 재료가 필요하지 않습니다. 또 종이비행기나 정전기를 사용하는 실험도 있는데요. 실험에 쓰일 대부분의 재료는 여러분의 주변(아마 책상이나 휴지통)에서 쉽게 구할 수 있습니다.

DNA 모형

여기 다양한 색깔로 된 휘어진 사다리 모형은 우리 몸에서 아주 중요한 부분을 표현하고 있습니다. 그리고 실제 크기보다 100만 배 크게 만든 것이지요. 데옥시리보핵산(deoxyribonucleic acid)이라는 긴 이름의 줄임말인 DNA는 실제로 아주 작은 분자입니다. DNA는 지구상의 모든 생명체에 존재합니다. 우리 몸을 구성하는 엄청나게 많은 세포들 하나하나에 각각 한 개의 DNA가 들어 있지요. 각각의 분자는 우리 몸이 어떻게 제대로 작동하는지에 대한 설명서가 저장된 소형 데이터베이스와 같습니다. 종이나 가위, 형광펜과 같은 평범한 재료들을 이용해 여러분은 이 특별한 DNA 모형을 만들 수 있답니다. 그럼 한번 잘라 볼까요?

형형색색의 소용돌이

실제 DNA는 화려한 형광색을 띠지 않습니다. 다만 이렇게 다양한 색깔들로 표현한 것은 DNA를 좀 더 쉽게 이해하기 위함입니다. 다음 페이지의 설명들을 보면 여러분이 만든 DNA 모형에서 서로 다른 색깔들이 어떻게 배열되는지 알 수 있습니다. 무척 쉽고 재미있는 실험이랍니다.

DNA 모형을 잘 이해할 수 있게 하려면 형광색을 고르세요!

DNA 모형 만들기

여러분이 완성하게 될 DNA 모형은 실제 DNA 모습처럼 사다리가 뒤틀린 모습입니다. 사다리의 가로대를 만들 때는 서로 다른 4가지 색을 사용하는 것이 중요합니다. 왜냐하면 4개의 색깔들은 각각 서로 다른 4개의 화학물질을 나타내기 때문입니다. 사다리 양쪽 두 다리도 마찬가지로 실제 DNA에서 화학물질의 한 종류입니다. 사다리 양쪽 두 다리는 색깔 테이프로 만들 수 있습니다.

시간: 1시간   난이도: 보통

준비물

다른 색깔의 형광펜 4개

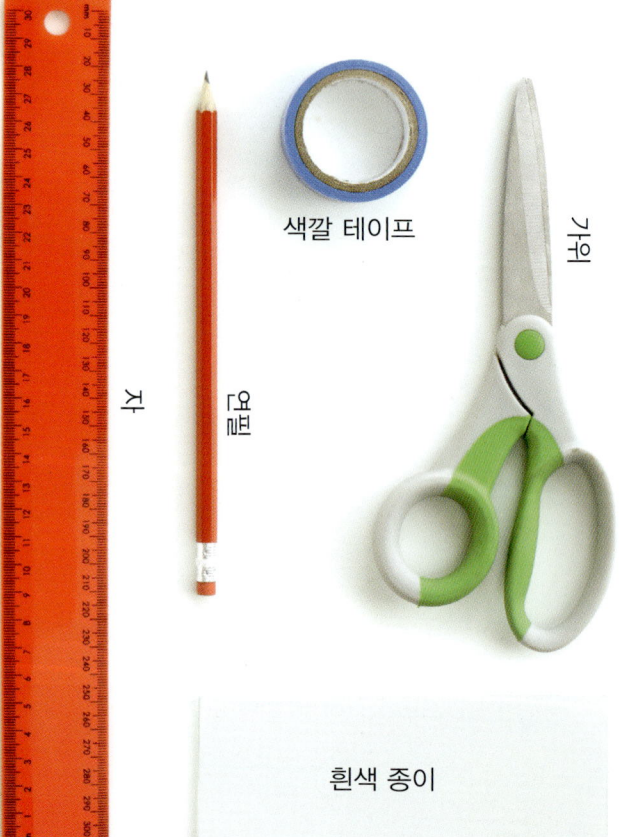

색깔 테이프

가위

자

연필

흰색 종이

1 연필과 자를 이용하여 종이에 가로세로가 3cm와 1cm인 직사각형을 30개 그리세요. 가위로 각각의 직사각형 조각을 자르세요. 이 조각들은 사다리의 가로대에 해당되며 '염기'라고 알려진 한 쌍의 화학물질을 나타냅니다.

2 직사각형 조각의 긴 면을 반으로 접어 선을 만듭니다. 이 선을 중심으로 양쪽에 서로 다른 염기를 표시하게 되며, 두 염기는 화학결합을 이루고 있습니다.

DNA 모형 만들기   43

3 이제 가로대에 해당하는 직사각형 조각을 앞뒤로 색칠하세요. 접힌 부분의 양쪽은 서로 다른 색으로 칠해야 합니다. 그리고 색깔들은 항상 서로 짝을 이루어야 합니다. 예를 들면 노란색은 항상 주황색과 짝을 이루고, 초록색은 항상 분홍색과 짝을 이루는 것처럼 말입니다.

4 이제 색깔 테이프를 70cm 길이로 두 번 잘라서 사다리의 양쪽 다리처럼 2cm 간격을 두고 바닥에 평행하게 놓습니다. 이때 접착 면은 위를 향합니다. 색깔 테이프를 조금 잘라서 사다리의 위아래 끝에 붙여 고정합니다.

사다리를 한 손으로 붙잡고 다른 손으로 조심스럽게 비틀어 주세요.

사람들마다 각각 DNA가 다르기 때문에 직사각형 조각을 붙이는 순서는 맞고 틀린 게 없습니다.

DNA의 두 줄이 꼬여 있는 모습을 이중나선형이라고 합니다.

5 가로대로 쓰일 색칠한 직사각형 조각을 순서에 상관없이 사다리 양쪽 다리 사이에 1cm 간격으로 붙입니다. 조각들을 모두 붙였으면 사다리의 양다리에 해당하는 색깔 테이프를 각각 반으로 접어서 색깔 테이프가 직사각형 조각을 감싸 고정시키도록 하세요.

6 여러분이 만든 DNA 모형을 완성하기 위해서는 단 한 가지 과정만 남아 있습니다. 실제 DNA 모습처럼 만들기 위해 사다리를 비틀어 나선형 모양을 만드는 것이지요. 조심스러운 작업입니다. 왼손으로 사다리의 한쪽 끝을 붙잡고 오른손으로 왼쪽 끝에서 가까운 부분부터 시계 반대 방향으로 천천히 비틀어 주세요.

원리 파헤치기

여러분이 만든 DNA 모형에서 표현된 염기는 단백질을 만드는 방법을 설명해 주는 암호입니다. 이것은 신체의 조직과 기관의 구조, 기능 및 조절에 필요한 크고 복잡한 분자입니다. 예를 들면, 케라틴 단백질은 머리카락과 손톱의 구성 물질입니다. 이처럼 특정 단백질 생산에 관여하는 DNA 사다리의 한 부분을 유전자라고 합니다. 우리 몸 전체 DNA 암호는 대략 20,000개 정도입니다. 우리 몸에 있는 모든 유전자들을 하나의 단위체로 부르는 것을 게놈(genome)이라고 하는데, 일란성쌍둥이라고 해도 정확히 똑같은 게놈을 갖고 있지는 않습니다.

우리 주변의 과학
DNA 염기서열

특별한 장치를 사용해서 과학자들은 DNA 염기서열이라는 것을 알아낼 수 있습니다. DNA 염기서열이란 DNA 분자의 기다란 축을 따라 염기들이 빈틈없이 배열되어 있는 것을 의미합니다. DNA 표본으로 사람들을 명확히 구별할 수 있고 질병을 유발하는 유전자를 찾아낼 수도 있습니다.

더 높이, 더 멀리

여러분이 만들 3개의 비행기는 서로 다른 방식으로 날아갑니다. 비행기들이 날아갈 때 주변 공기의 흐름이 각자 다르기 때문입니다. 위로, 아래로, 세게, 부드럽게 등 다양한 방법으로 비행기를 날려 보세요. 그리고 날개의 모양도 바꿔 가며 실험해 보세요.

고난도 곡예 비행기는 여러분의 눈앞에서 현란하게 움직입니다.

우아한 글라이더는 공기 중에서 오랫동안 날 수 있도록 만들어졌습니다.

날렵한 다트 모양의 비행기는 빠른 속도로 멀리 날아가도록 만들어졌습니다.

종이비행기

종이 한 장을 떨어뜨려 보세요. 바닥으로 나풀나풀 떨어질 것입니다. 그 이유는 종이가 바닥으로 떨어지는 동안 종이의 가장자리에 부딪히는 공기들이 무질서하게 지나가기 때문입니다. 몇 번 접고, 몇 번 자르고, 약간의 노하우만 있으면 여러분은 빠른 속도로 우아하게 날아가는 종이비행기를 만들 수 있습니다. 이번 실험에서 여러분은 물체가 공기를 통과할 때 둘 사이의 상호작용인 '공기역학'을 시험해 볼 수 있습니다. 그럼 비행기 날릴 준비를 해 볼까요?

종이비행기 만들기

제작 난이도가 상, 중, 하인 3개의 종이비행기는 만드는 방법도 재미있습니다. 그러나 좋은 결과물을 얻으려면 방법을 잘 따라 해야 합니다. 여러분은 종이만 준비하면 됩니다. 3개의 종이비행기 중 하나는 자, 가위, 접착테이프가 필요합니다. 날렵한 다트 모양의 비행기는 앞이 뾰족하기 때문에 주의해야 합니다. 사람의 얼굴을 향해 던지지 마세요.

날렵한 다트 비행기

이 비행기는 빠른 속도로 비행하기 위해 만들어졌습니다. 저항을 적게 받는 유선형 모양의 비행기가 공기를 통과해서 빠르게 날아갑니다. 다 만들었다면 위를 향해 약간 비스듬히 날려 보세요. 그리고 어떻게 날아가는지 지켜보세요.

시간: 5분   난이도: 쉬움

준비물

A4 종이

자   가위   접착테이프

1 종이의 긴 쪽 방향을 축으로 여러분이 할 수 있는 한 정확하게 반으로 접으세요. 손톱이나 자를 이용해서 접힌 부분을 눌러 주름을 선명하게 만들고 종이를 다시 펼치세요.

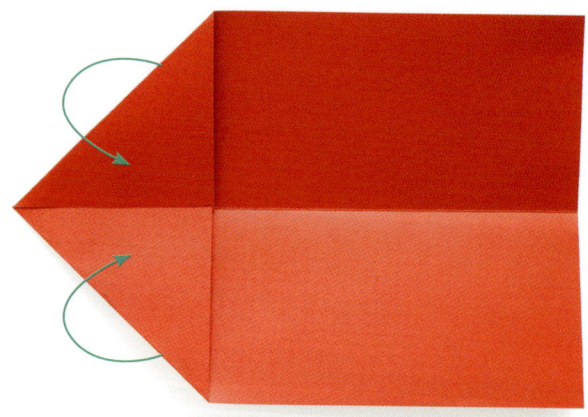

2 종이의 모서리 두 곳을 종이 가운데 접힌 주름과 만나도록 접으세요. 종이를 다시 접을 때 어려울 수 있기 때문에 약간의 틈이 생기도록 모서리를 접으세요.

종이비행기 만들기   47

양쪽의 접힌 부분은 중심선을 두고 대칭이어야 합니다.

양쪽 날개에서 몇 cm 정도 접지 않고 남겨 두세요.

3 접어서 생긴 모서리를 한 번 더 중심선을 향해 접으세요. 앞에서도 말했지만 나중에 중심선을 따라 종이를 다시 접을 때 어려울 수 있기 때문에 너무 정확하게 접지는 마세요.

4 앞 단계와 같이 다른 쪽 모서리도 중심선과 만나도록 접으세요. 가운데 중심선을 두고 양쪽이 대칭이 되도록 중심선에 가깝게 접으세요. 접힌 부분의 주름을 확인하세요.

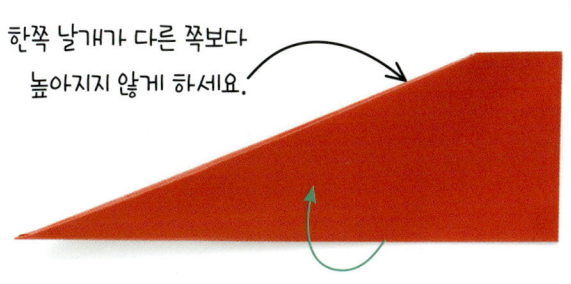

한쪽 날개가 다른 쪽보다 높아지지 않게 하세요.

접힌 부분이 수평이 되도록 하고 앞서 했던 것처럼 주름을 완벽히 접으세요.

5 앞서 접었던 부분들이 안쪽으로 가도록 중심선을 가운데 두고 종이를 접으세요. 접었을 때 양면은 완전히 동일해야 합니다. 접힌 모든 부분은 완벽하게 주름져야 합니다.

6 한쪽 면을 아래로 접어 비행기의 바닥과 평행하게 하고, 뒤쪽 또는 꼬리를 중간보다 약간 더 많이 접으세요. 같은 방법으로 다른 쪽 면도 접으세요.

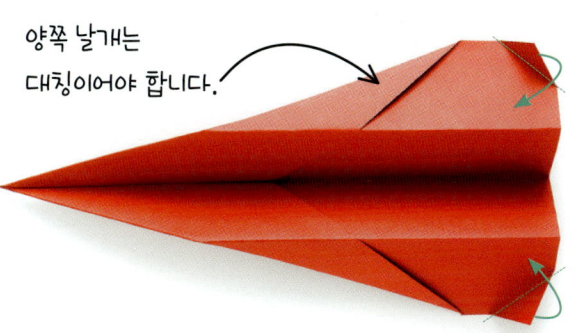

양쪽 날개는 대칭이어야 합니다.

7 거의 다 됐습니다. 이제 꼬리 쪽 모서리를 위로 접으세요. 이것은 실제 비행기의 윙릿에 해당하며, 비행기가 빠르게 날 때 날개 끝에 생기는 소용돌이를 없애고 공기를 위쪽으로 밀어 주는 역할을 합니다. 그래서 비행기 꼬리 부분은 살짝 아래로, 비행기 앞쪽 부분은 살짝 위로 향하게 만듭니다.

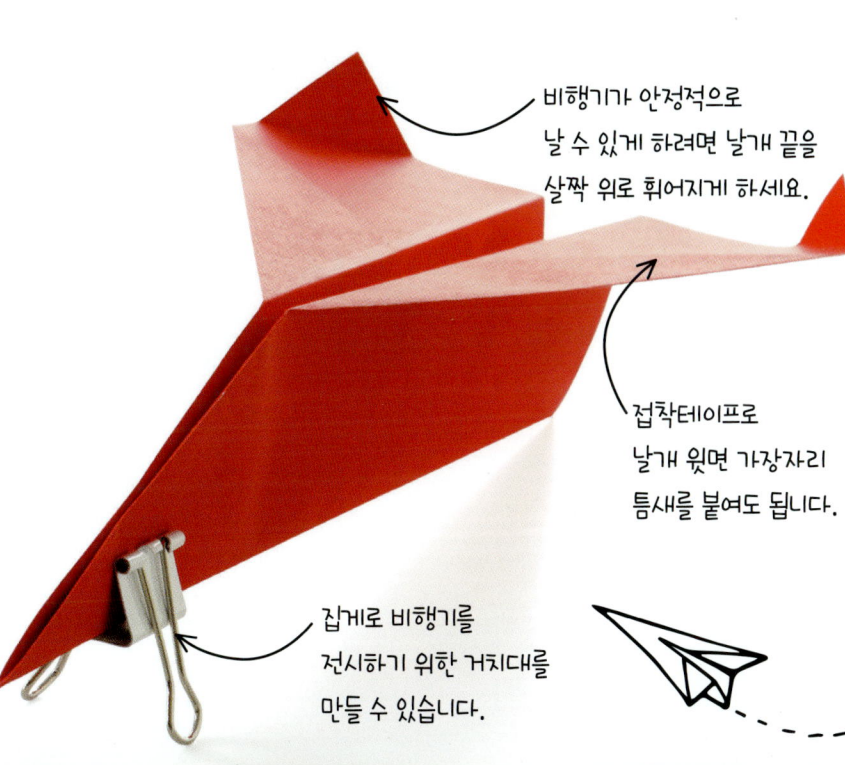

비행기가 안정적으로 날 수 있게 하려면 날개 끝을 살짝 위로 휘어지게 하세요.

접착테이프로 날개 윗면 가장자리 틈새를 붙여도 됩니다.

집게로 비행기를 전시하기 위한 거치대를 만들 수 있습니다.

우아한 글라이더

수평면보다 약간 위를 향해 이 비행기를 부드럽게 날려 보세요. 날렵한 다트 비행기보다 더 오래 하늘을 날 수 있습니다. 만드는 과정이 약간 번거롭긴 하지만 인내심을 갖고 만들어 봅시다.

시간: 10분   난이도: 보통

1 종이의 긴 쪽 방향을 축으로 절반으로 접으세요. 손톱이나 자를 이용해서 접힌 부분을 눌러 주름을 만들고 종이를 다시 펼치세요.

중심선의 양쪽 면에 있는 이 영역은 서로 같은 모양이 되어야 합니다.

2 양쪽 모서리를 위와 같이 접어서 각각의 모서리가 중심선에 맞닿도록 하세요. 이때 생긴 주름은 나중에 중심선을 접었을 때 서로 만나야 합니다.

3 종이의 폭이 좁아진 쪽 끝을 약 1cm 정도 접으세요. 이 부분은 비행기의 앞쪽이 됩니다. 주름을 정확하게 눌러서 접으세요.

비행기가 눈에 띄게 짧아졌지만 덕분에 비행기는 미끄러지듯 날아갈 것입니다.

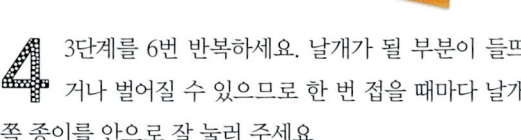

4 3단계를 6번 반복하세요. 날개가 될 부분이 들뜨거나 벌어질 수 있으므로 한 번 접을 때마다 날개 쪽 종이를 안으로 잘 눌러 주세요.

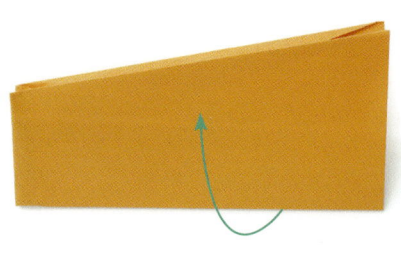

5 가능한 한 비행기가 대칭이 되도록 조심해서 종이를 절반으로 접으세요. 두께가 두꺼워진 비행기 앞쪽 부분의 주름을 확실히 접으세요.

종이비행기 만들기 49

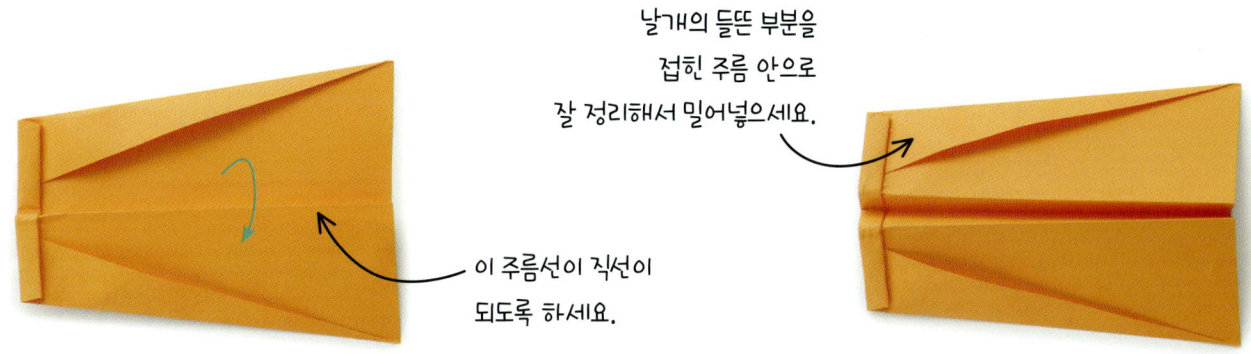

날개의 들뜬 부분을 접힌 주름 안으로 잘 정리해서 밀어넣으세요.

이 주름선이 직선이 되도록 하세요.

6 5단계에서 아랫면을 2cm 정도 접으세요. 펼쳤을 때 위와 같은 주름이 생겼는지 확인하세요. 주름을 확실히 접도록 하세요. 특히 비행기 앞쪽 부분을 잘 접어야 합니다.

7 반대쪽 면도 6단계와 동일하게 접으세요. 주름을 확실히 접어서 글라이더가 대칭이 되도록 하세요. 이제 날개가 2개 생겼습니다.

날개 가장자리의 수직 날개를 양쪽이 같아지도록 만드세요.

8 마지막으로 날개 가장자리를 안으로 접으세요. 이때 주름 선이 가장자리 선과 평행이 되도록 접으세요. 접힌 주름을 세워서 수직이 되게 하세요.

전문가들은 실내에서 종이비행기를 30초 동안이나 날게 할 수 있습니다!

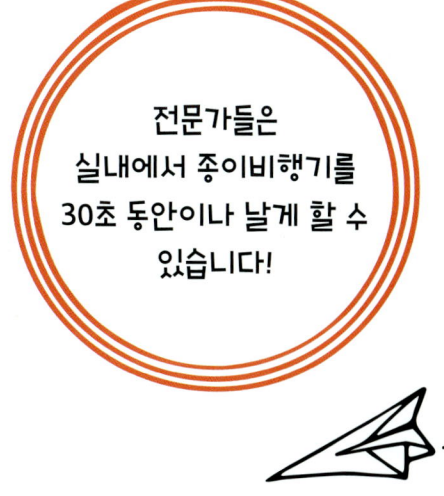

비행기를 날릴 때마다 양쪽의 수직 날개 부분을 조정하여 수직 상태로 유지시켜야 합니다.

접착테이프를 작게 잘라 비행기의 양면을 고정시켜도 됩니다.

이 접힌 부분은 비행기 앞쪽으로 무게를 실어서 비행기가 날 때 균형을 유지해 줍니다.

집게로 비행기가 지상에 있을 때 세워 둘 거치대를 만들 수 있습니다.

고난도 곡예 비행기

이 비행기는 두 개의 수직 날개와 방향타가 있습니다. 이 두 가지의 모양을 조절하면 비행기를 회전시키거나 위아래로 상승 및 하강시킬 수 있으며 원 모양을 그리며 날게 할 수도 있습니다.

시간: 15분　**난이도**: 어려움

1 종이의 긴 쪽 방향을 축으로 절반으로 접으세요. 손톱이나 자를 이용해서 접힌 부분을 눌러 주름을 만들고 다시 종이를 펼치세요.

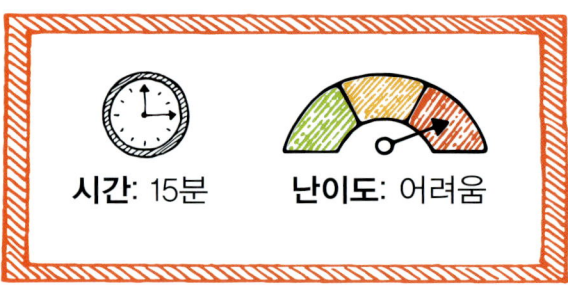

2 한쪽 모서리를 접어서 주름을 만드세요. 이때 만들어진 뾰족한 모서리를 다시 접어서 삼각형을 만드세요. 종이가 뜨지 않게 사선을 따라 테이프를 붙여 감싸 주세요.

3 삼각형의 꼭지 부분이 삼각형의 밑변에 닿도록 앞으로 접으세요. 그다음 중심선을 두고 접어 주름을 만드세요.

4 날개를 만들려면 중심선에서 2cm 간격을 두고 아래로 나란히 접으세요. 반대쪽 면도 같은 방법으로 접어서 비행기가 날 수 있도록 양쪽 날개를 만드세요.

비행기의 양쪽 날개는 중심선을 사이에 두고 대칭이어야 합니다.

이미 접힌 부분도 함께 잘 접힐 수 있도록 주름을 다시 한 번 잘 살펴보세요.

5 비행기를 뒤집은 다음 날개 가장자리를 1cm 간격으로 접으세요. 가장자리의 접은 부분을 세워서 날개에 수직이 되게 하세요.

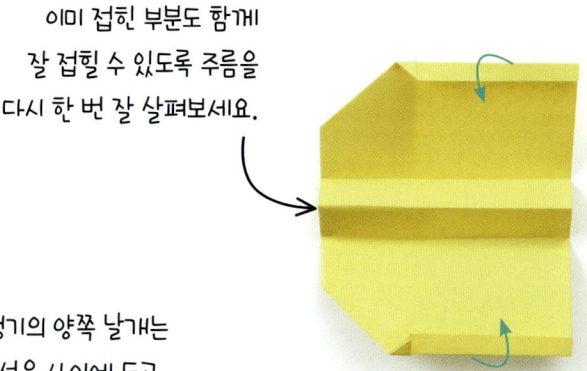

종이비행기 만들기

51

> 위쪽으로 집어 올려서 주름을 잡고 꼬리지느러미를 만들어 주세요.

6 비행기 뒤쪽에서 약 2.5cm 떨어진 지점을 비행기 중심선과 수직으로 2cm 정도 자르세요. 자른 뒤쪽 부분을 위로 밀어 올리세요. 이 부분이 비행기의 꼬리지느러미가 됩니다.

> 꼬리지느러미의 양쪽 면에 있는 수직 날개를 같은 크기가 되게 하세요.

7 꼬리지느러미 부분의 주름을 만들어 주고 비행기 중심선 부분의 벌어진 곳이 맞닿도록 접착테이프를 이용해 양쪽 날개를 붙이세요. 비행기 날개 뒤쪽 가장자리 부분을 좁고 기다란 모양이 되도록 양끝을 살짝 자르세요. 그다음 수직 날개가 되도록 위쪽으로 접어 올리세요.

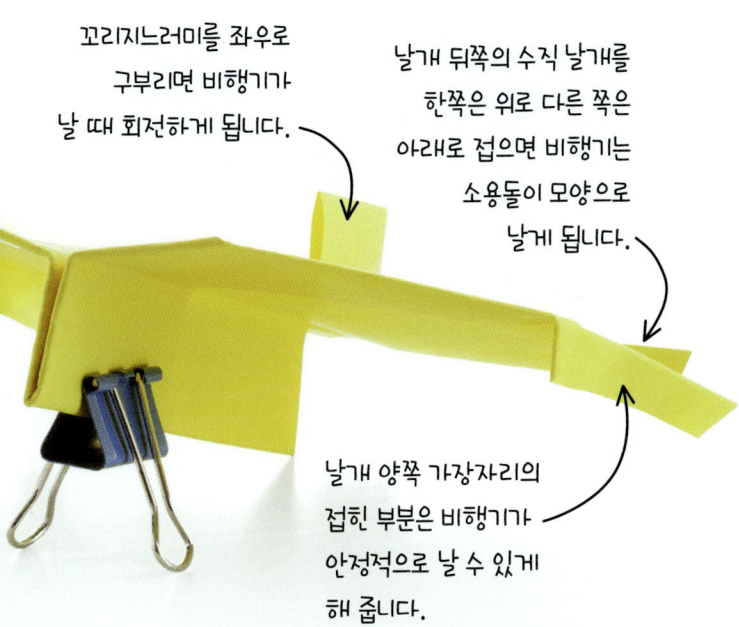

> 꼬리지느러미를 좌우로 구부리면 비행기가 날 때 회전하게 됩니다.

> 날개 뒤쪽의 수직 날개를 한쪽은 위로 다른 쪽은 아래로 접으면 비행기는 소용돌이 모양으로 날게 됩니다.

> 날개 양쪽 가장자리의 접힌 부분은 비행기가 안정적으로 날 수 있게 해 줍니다.

원리 파헤치기

하늘을 나는 물체에는 네 종류의 힘(중력, 양력, 추진력, 항력)이 작용합니다. '날렵한 다트 비행기'는 유선형 모양 때문에 항력을 그리 많이 받지 않고 쉽게 공기를 통과해서 빠른 속도로 날아갑니다. '우아한 글라이더'는 날개의 면적이 넓기 때문에 많은 양력을 받아 공기 중에서 오랫동안 날 수 있습니다. '고난도 곡예 비행기'는 뒤쪽 꼬리지느러미와 수직 날개가 공기의 흐름을 변화시켜서 옆으로 기울어진 상태로 날 수 있거나 아래로 향할 수도 있습니다. 또 방향을 바꾸기도 하고 소용돌이 모양으로 회전하면서 날 수도 있습니다.

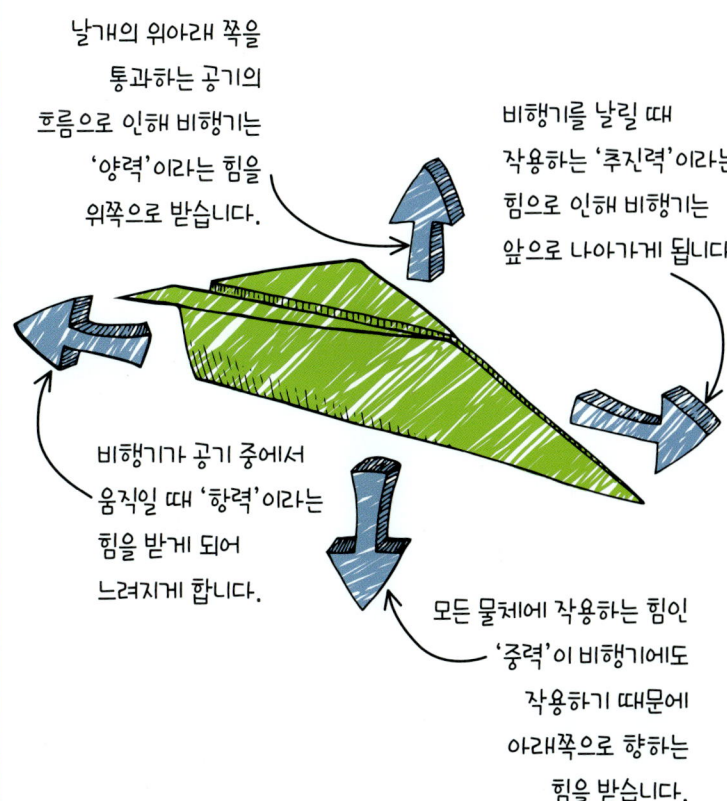

> 날개의 위아래 쪽을 통과하는 공기의 흐름으로 인해 비행기는 '양력'이라는 힘을 위쪽으로 받습니다.

> 비행기를 날릴 때 작용하는 '추진력'이라는 힘으로 인해 비행기는 앞으로 나아가게 됩니다.

> 비행기가 공기 중에서 움직일 때 '항력'이라는 힘을 받게 되어 느려지게 합니다.

> 모든 물체에 작용하는 힘인 '중력'이 비행기에도 작용하기 때문에 아래쪽으로 향하는 힘을 받습니다.

우리 주변의 과학

행글라이더

지면에서 따뜻한 공기가 상승하면 행글라이더는 몇 시간 동안 비행할 수 있습니다. 온난 기류라 부르는 이 상승 기류는 행글라이더 날개의 아랫면을 밀어 올려서 양력으로 작용합니다. 행글라이더를 조종할 때 조종사는 자신의 몸을 움직여서 행글라이더를 기울입니다.

고성능 종이 스피커

스마트폰으로 음악 듣는 걸 좋아하지만 혹시 음악 소리가 만족스럽지 않아서 고민인가요? 여러분이 좋아하는 음악을 들을 때마다 음악이 너무 크다고 가족들이 불평하나요? 그렇다면 이번에 만들 멋진 스마트폰 스피커가 두 가지 문제를 해결해 줄 것입니다. 이것은 음악 소리에서 나는 금속성의 날카로운 소리를 없앨 뿐만 아니라 음악 소리의 대부분을 여러분의 귀에 직접 전달합니다. 그래서 여러분이 좋아하는 음악을 실내에 있는 사람들을 괴롭히지 않고도 좀 더 크고 좋은 소리로 들을 수 있습니다.

여러분이 좋아하는 색으로 언제든지 스피커의 색깔을 바꿀 수 있습니다.

이 화려한 스피커는 가정용으로 만들어졌습니다.

소리도 좋고 모양도 멋진 나만의 스피커

멋진 색깔로 칠한 휴대용 스마트폰 스피커는 책상 위나 침대 옆 탁자에 잘 어울립니다. 이것은 배터리나 충전기도 필요 없습니다. 그렇다면 망설일 필요가 없습니다. 지금 당장 스피커를 만들어 음악을 들어 보세요! 그러나 음악 소리가 가장 클 때는 귀를 가까이 대지 않도록 하세요. 청력에 심각한 손상을 줄 수 있으니까요.

소형 내장 스피커는 대개 스마트폰 하단에 위치합니다.

고성능 종이 스피커 만들기

이 놀라운 스피커를 만드는 것은 정말 쉽습니다. 키친타월 심과 종이컵 몇 개만 있으면 됩니다. 가위질할 부분이 있기 때문에 가위도 필요합니다. 이때는 어른에게 도움을 요청하세요. 스피커를 다 만들면 여러분은 이 멋진 스피커로 음악을 더 크고 선명한 음질로 들을 수 있습니다. 가장 큰 장점은 돈이 전혀 들지 않는다는 것입니다.

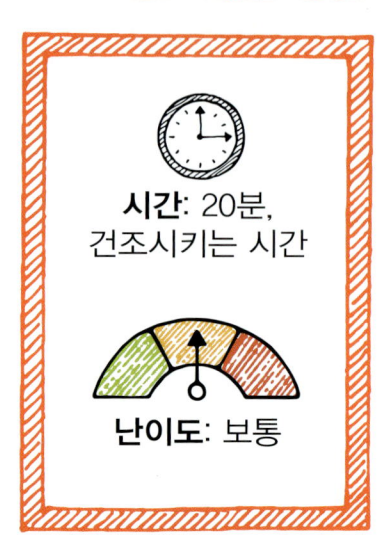

시간: 20분, 건조시키는 시간

난이도: 보통

준비물

- 종이컵 2개
- 스마트폰
- 물감
- 키친타월 심
- 키친타월
- 펠트펜
- 가위
- 색칠용 붓

1 키친타월 심의 가운데 부분에 펠트펜으로 스마트폰의 밑면을 본떠 그리세요. 짧은 곡선 두 군데와 긴 변 한 군데를 가위로 잘라서 덮개를 만드세요. 슬롯을 만들기 위해 덮개를 들어 올리세요.

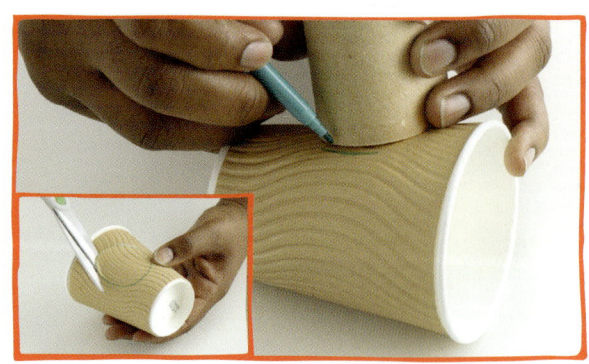

2 키친타월 심의 가장자리를 종이컵 옆면에 대고 펠트펜으로 키친타월 심 가장자리를 따라 그리세요. 여러분이 그린 원 모양을 잘라 내세요. 이 과정을 다른 종이컵에도 반복하세요.

고성능 종이 스피커 만들기 55

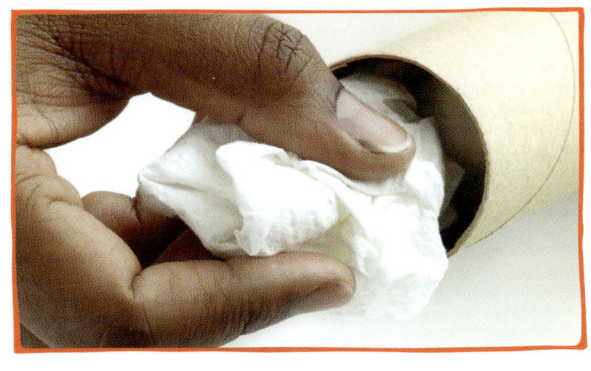

3 키친타월을 2장 뜯어서 살짝 뭉치세요. 구긴 키친타월을 심 양쪽 끝에 각각 하나씩 넣으세요. 구겨진 키친타월이 높은 음의 일부를 흡수해서 음악에서 나는 날카로운 소리를 줄여 줍니다.

4 키친타월 심의 한쪽 끝을 종이컵의 구멍에 끼워 줍니다. 구멍에 끼울 때 꽉 붙들고 약간의 힘을 주세요. 다른 한쪽 끝도 다른 종이컵의 구멍에 끼워 줍니다. 이제 스피커 제작이 거의 끝나갑니다!

5 이제 남은 일은 여러분의 취향에 맞게 스피커를 색칠하는 것입니다. 물감이 다 마르면 스마트폰의 내장 스피커가 키친타월 심 안에 들어가도록 스마트폰을 슬롯에 끼워 넣으세요. 이제 앉아서 음악을 즐기는 일만 남았습니다!

원리 파헤치기

스마트폰에서 나는 소리는 소형 내장 스피커에서 나옵니다. 소형 내장 스피커는 공기를 진동시켜서 음파가 모든 방향으로 퍼져 나가게 합니다. 스마트폰을 여러분이 만든 스피커에 끼워 넣으면 소리가 키친타월 심과 종이컵 안에서 부딪혀 튕겨 나옵니다. 그래서 거의 모든 소리가 여러분의 귀 쪽을 향하게 됩니다. 구겨진 키친타월은 일부 높은 음이 통과하는 것을 막습니다. 그러나 낮은 음은 잘 통과시킵니다. 이 때문에 소리가 선명하고 부드러워집니다.

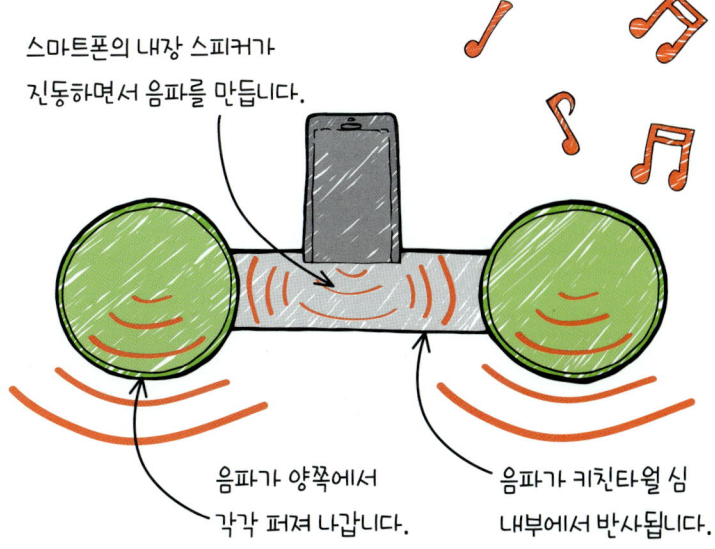

우리 주변의 과학
콘서트홀의 스피커

대형 콘서트홀에 가면 소리, 즉 출력이 강한 스피커가 무대 양쪽에 놓여 있습니다. 각각의 스피커 내부에는 종이 등 얇은 막으로 이루어진 원뿔 모양이 있는데, 이것은 일렉 기타와 같은 무대 위에서 연주 중인 악기로부터 들어오는 전기 신호에 진동합니다. 이런 방식으로 사방으로 퍼져 나가는 음파가 만들어집니다. 일부 음파는 스피커의 뒷면에 반사되어 관중 쪽으로 향하게 됩니다.

고무줄 행성

우리는 지구라는 행성에 살고 있으며 이 지구는 태양이라 불리는 항성 주변을 돌고 있습니다. 지구보다 크거나 작은 7개의 행성들 역시 태양 주위를 돌고 있습니다. 지구를 포함해서 태양으로부터 가까이 있는 4개의 행성은 암석으로 이루어져 있고, 이보다 멀리 있는 나머지 4개 행성은 대부분 기체로 이루어져 있습니다. 태양을 비롯한 행성들과 달처럼 작은 천체들을 모두 포함해 태양계라고 부릅니다. 고무줄과 종이를 이용하여 각 행성들의 색깔과 크기를 고려한 멋진 태양계 행성 모형을 만들 수 있습니다.

화성은 철의 함량이 풍부한 빨간 먼지로 덮여 있습니다. 이 때문에 화성을 "붉은 행성"이라고 부릅니다.

우리가 살고 있는 행성인 지구의 표면은 70%가 물로 이루어져 있습니다. 이 때문에 우주에서 볼 때 지구는 푸른색으로 보입니다.

크레이터(구덩이)로 덮여 있는 암석 덩어리 수성이 가장 작은 행성입니다.

손전등을 사용해서 태양을 표현할 수 있습니다.

이산화탄소가 대기 중에 가득 차 있는 금성은 몹시 뜨겁고 암울한 행성입니다.

실제로는 청록색을 띠는 천왕성 또한 둘레에 고리를 갖고 있습니다.

해왕성은 태양을 한 바퀴 도는 데 165년이라는 시간이 걸립니다.

토성은 얼음으로 구성된 아름다운 고리를 갖고 있지요.

태양계에서 가장 큰 행성인 목성은 지구의 11배 크기입니다.

행성들의 행진

망원경이나 우주여행은 필요 없습니다. 손전등을 행성들을 향해 비추는 것만으로도 집에서 태양계를 탐사할 수 있습니다. 그러나 실제로 행성들은 그림에서 보이는 것처럼 일렬로 줄을 서지 않습니다. 각각의 행성들은 태양을 두고 서로 다른 궤도면을 따라 움직이기 때문입니다. 그리고 행성들이 태양 주변을 돌 때 자신의 자전축을 중심으로도 회전(자전)하기 때문에 행성마다 낮과 밤이 생깁니다.

고무줄 행성 만들기

태양계 모형을 만들려면 다양한 색깔로 많은 양의 고무줄이 필요합니다. 색깔별로 한 통(한 봉지)씩 구입하면 더 저렴하게 살 수 있습니다. 태양에서 가까운 순서대로 행성을 만드는 작업은 행성의 이름과 우주에서의 위치를 기억하는 데 도움이 됩니다. 모형은 실제 크기와 다르지만 행성들의 크기를 서로 비교하기에 좋습니다.

시간: 1시간 30분 **난이도**: 보통

준비물

손전등, 노란색 고무줄, 초록색 고무줄, 빨간색 고무줄, 하얀색 고무줄, 파란색 고무줄

노란 종이, 가위, A4용지 40장

종이를 가능한 한 단단하게 뭉쳐서 둥글게 만드세요.

1 행성의 중심부는 힘을 줘 누른 종이 뭉치로 만듭니다. 작은 행성은 종이 한 장이나 일부를 잘라서 만들 수 있습니다. 큰 행성은 종이 한 장을 뭉쳐서 만든 것에 추가로 종이를 덮어씌워 뭉쳐서 만들 수 있습니다.

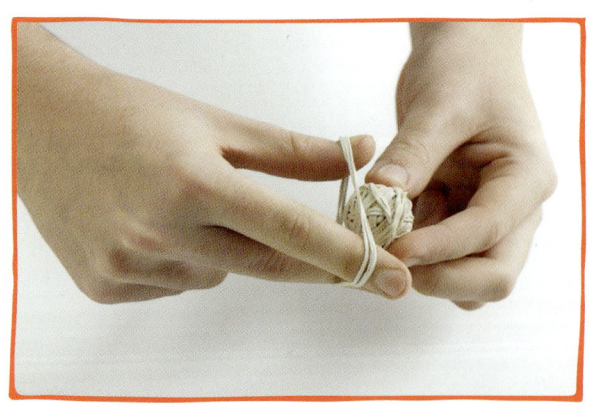

2 수성을 만들 때는 종이의 1/4만 잘라서 공 모양의 뭉치를 만드세요. 손가락으로 하얀색 고무줄을 벌려서 꽉 잡은 다음 종이공을 둘러싸세요. 종이공이 가려질 때까지 고무줄을 계속 추가해서 서로 다른 각도로 둘러싸세요.

고무줄 행성 만들기 59

고무줄을 서로 다른 각도로 종이공에 끼워넣어서 고무줄이 종이공을 완전히 둘러싸도록 하세요.

모든 행성들은 태양을 중심으로 같은 방향으로 돌고 있습니다.

현재까지 알려진 바에 따르면 지구는 생명체가 살고 있는 유일한 행성입니다.

3 금성을 만들 때는 종이 한 장을 사용하고 노란색과 빨간색 고무줄로 종이공을 둘러싸세요. 금성은 적갈색으로 보이는데, 연노랑색의 유독성 기체 구름층 아래에 암석으로 된 지표면이 있습니다.

4 이제 우리가 살고 있는 행성인 지구 차례입니다. 지구의 크기는 금성과 비슷하기 때문에 금성과 마찬가지로 종이 한 장을 사용해서 종이공을 만드세요. 바다를 나타내기 위해서 많은 양의 파란색 고무줄을 사용하고 땅을 나타내기 위해서 약간의 초록색 고무줄을 사용하세요.

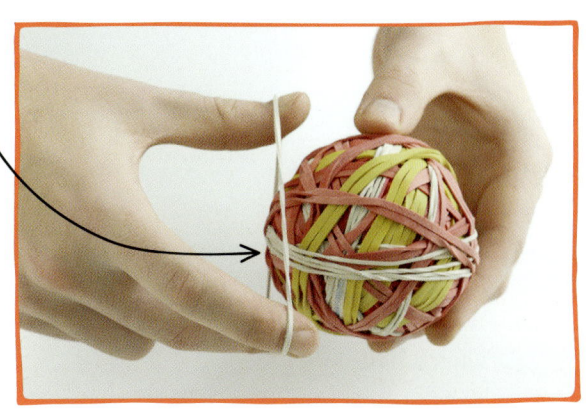

갈색 고무줄이 있다면 사용해도 됩니다.

5 자! 이제 화성을 만들 차례입니다. 화성은 지구의 절반 크기입니다. 따라서 종이를 반으로 잘라 종이공을 만드세요. 화성은 빨간색의 먼지로 둘러싸여 있기 때문에 "붉은 행성"이라고 부릅니다. 그래서 화성에는 빨간색 고무줄을 사용하도록 하겠습니다.

6 다음은 태양계에서 가장 큰 행성인 목성입니다. 목성에는 종이 여섯 장이 필요합니다. 높은 밀도의 대기층에 있는 화려한 줄무늬를 표현하기 위해서 빨간색, 노란색, 하얀색 고무줄을 사용하세요.

8 실제로 토성의 고리는 행성에 닿지 않지만 여러분이 모형을 만들 때에는 종이 고리가 토성 모형에 꼭 맞도록 만드세요. 그러지 않으면 고리가 빠져 버릴 테니까요.

7 태양계에서 두 번째로 큰 행성인 황갈색 토성은 종이 다섯 장과 노란색 고무줄을 이용해서 만드세요. 토성은 얼음과 암석으로 이루어진 아름다운 고리로 유명합니다. 토성에 꼭 맞도록 노란 종이를 고리 모양으로 자르세요.

실제로 토성의 고리는 매우 빠른 속도로 움직이고 있습니다.

9 토성보다 태양으로부터 더 멀리 있는 행성은 천왕성입니다. 천왕성은 지구보다는 크지만 목성이나 토성만큼 거대하지는 않습니다. 두꺼운 대기층 때문에 청록색으로 보입니다. 종이 네 장과 초록색, 하얀색 고무줄을 이용해서 천왕성을 만들어 보세요.

10 태양으로부터 가장 멀리 있는 행성이 해왕성입니다. 해왕성은 천왕성보다는 약간 작기 때문에 종이 세 장을 이용해서 만드세요. 천왕성의 대기층은 대부분이 메탄가스로 이루어져 있기 때문에 파란색으로 보입니다. 따라서 파란색 고무줄을 이용하세요.

11 이제 행성 모형을 모두 만들었습니다. 수성부터 해왕성까지 한 줄로 세워 놓고 방을 어둡게 한 다음 손전등을 켜서 태양을 표현해 보세요.

태양에서 비추는 빛이 해왕성까지 도달하는 데 4시간 이상이 걸립니다.

태양에서 비추는 빛은 각 행성의 한쪽 면만 비춥니다.

태양에서 비추는 빛이 지구까지 도달하는 데 8분이 걸립니다.

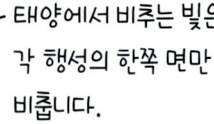

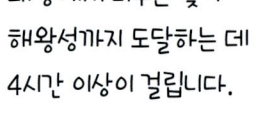

한 걸음 더 나아가기

행성 모형을 전시하는 가장 좋은 방법은 모빌로 만들어 침실에 걸어 놓는 것입니다. 그러기 위해서는 태양 모형을 만들어야 합니다. 태양의 지름은 실제로는 지구보다 100배 이상 큽니다. 모빌에 걸기 위해서는 태양 모형을 만들 때 종이 열다섯 장으로 종이공을 만들어 노란색 고무줄을 둘러싸세요.

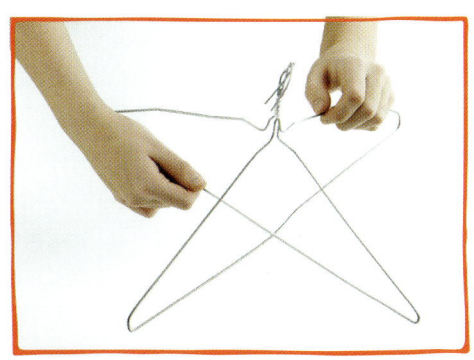

1 모빌을 만들기 위해서, 옷걸이 두 개를 교차시킨 후 위쪽과 아래쪽을 낚싯줄이나 접착테이프로 고정시키세요. 낚싯줄을 30cm씩 잘라서 태양과 행성 모형에 각각 연결하세요.

2 낚싯줄의 길이를 각 행성마다 다르게 하여 모빌에 묶어서 태양과 행성들이 모빌에 걸린 높이가 서로 다르게 하세요. 태양을 모빌의 중심에 위치시키고 완성된 모빌을 어른의 도움을 받아 천장에 매다세요.

원리 파헤치기

행성들은 우주 공간을 돌진하는 거대한 천체입니다. 수성은 평균 속력이 시속 170,000km 이상으로 가장 빠른 행성입니다. 행성은 빠르게 움직이지만 우주 공간에서 직진하지는 않습니다. 대신 행성들은 태양이 끌어당기는 힘인 중력을 받아서 궤도를 따라 태양 주위를 돕니다. 이 힘은 여러분이 공중으로 점프를 했을 때 다시 땅으로 떨어지도록 만드는 힘입니다. 행성을 포함한 우주의 모든 천체는 타원 궤도를 따라 움직입니다. 달과 인공위성도 중력 때문에 지구 주위의 궤도를 따라 돕니다.

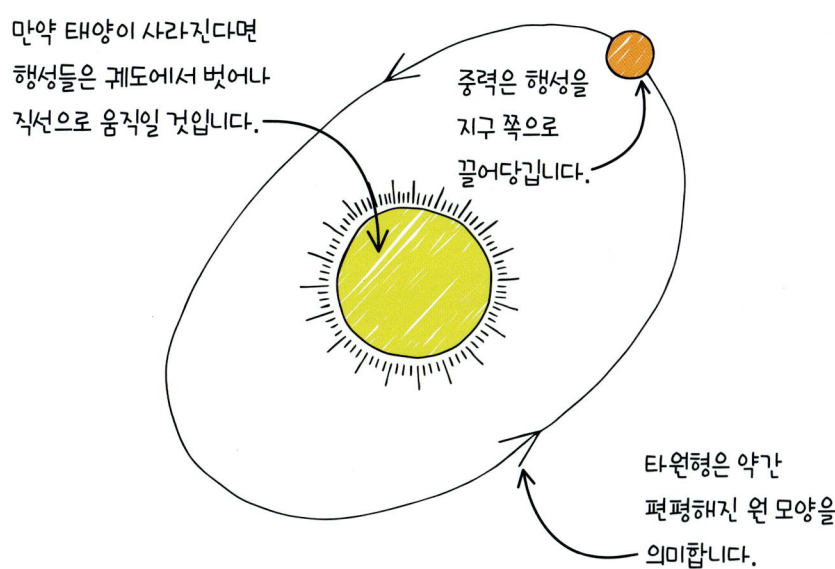

우리 주변의 과학

태양으로부터의 거리

태양과 행성 사이의 거리는 엄청납니다. 실제 거리와 비교할 경우, 손전등으로부터 지구 모형까지 거리는 250m가 되어야 합니다. 행성들 사이의 거리는 이것보다 더 멉니다.

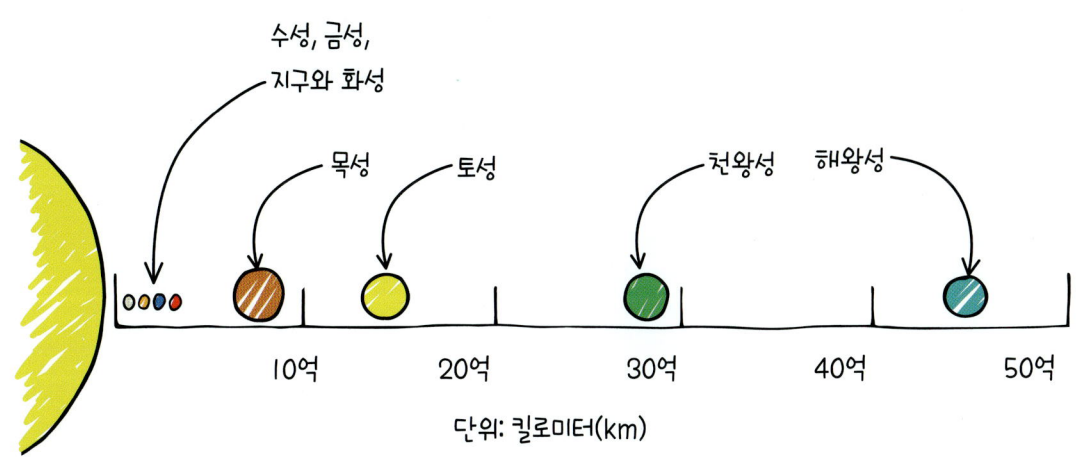

휘황찬란한 만화경

휘황찬란한 모양, 색깔, 패턴을 무한히 즐겨 보세요. 배터리도 필요 없습니다. 만화경만 있으면 됩니다. 만화경은 망원경과 비슷하게 생겼지만, 아래로 내려다볼 수 있는 원통 모양을 하고 있습니다. 만화경 안쪽 면에는 거울이 있으며 한쪽 끝에 다채로운 색상의 물체가 있습니다.
키친타월 심, 플라스틱 투명 파일, 반짝거리는 비즈 한 줌만 있으면
이 만화경을 만들 수 있습니다.

패턴이 변하는 것을 보려면
만화경을 돌리세요.
같은 패턴은 다시
나타나지 않습니다.

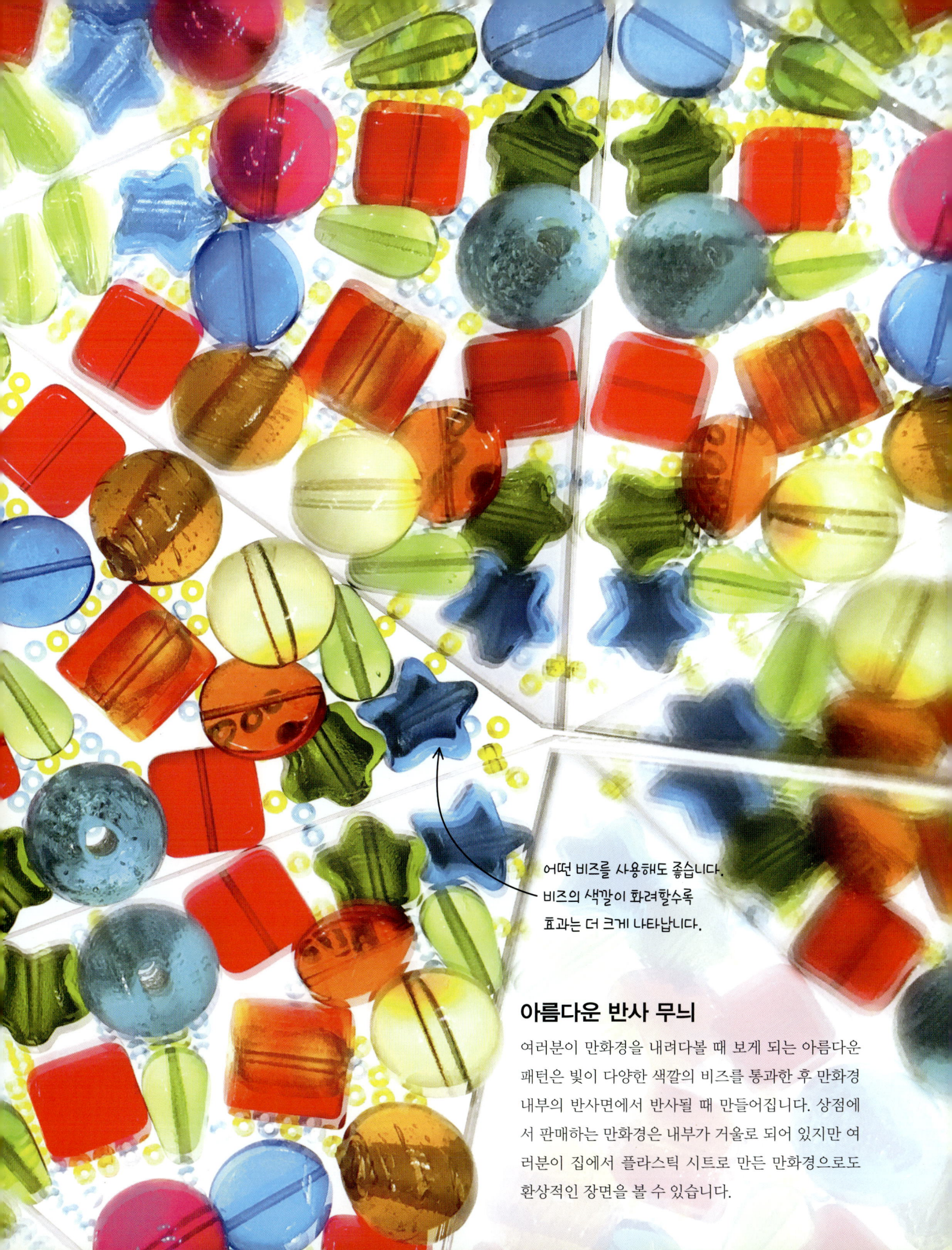

어떤 비즈를 사용해도 좋습니다.
비즈의 색깔이 화려할수록
효과는 더 크게 나타납니다.

아름다운 반사 무늬

여러분이 만화경을 내려다볼 때 보게 되는 아름다운 패턴은 빛이 다양한 색깔의 비즈를 통과한 후 만화경 내부의 반사면에서 반사될 때 만들어집니다. 상점에서 판매하는 만화경은 내부가 거울로 되어 있지만 여러분이 집에서 플라스틱 시트로 만든 만화경으로도 환상적인 장면을 볼 수 있습니다.

휘황찬란한 만화경 만들기

키친타월 심은 만화경을 만들기에 가장 적합한 길이입니다. 키친타월 심 내부에는 세 개의 반사면이 필요한데 이것은 플라스틱 투명 파일로 만들 수 있습니다. 혹시 주변에 카드 모양의 거울이 있다면 그것을 이용해도 좋습니다. 만화경이 완성되면 그것을 전등이나 창밖을 향하게 한 후 들여다보세요. 그러나 태양을 향해 직접 쳐다봐서는 안 됩니다. 시력에 손상을 줄 수 있기 때문입니다.

시간: 30분   **난이도**: 어려움

준비물

- 연필
- 접착테이프
- 가위
- 다양한 색깔의 비즈
- 키친타월 심
- 플라스틱 투명 파일
- 색종이
- 자
- 비닐 랩
- 내유지(기름이 배지 않는 종이)

1 색종이 위에 키친타월 심을 세운 뒤 키친타월 심의 가장자리를 따라 연필로 원 모양을 그리세요. 원 모양 가장자리에 여섯 개의 직사각형을 그리세요. 직사각형을 포함해서 원 모양을 가위로 자르세요.

지름이 0.5cm가 되도록 구멍을 만드세요. 구멍 가장자리가 너덜너덜하지 않도록 깔끔하게 하세요.

2 잘라낸 종이를 바닥에 세워 놓은 키친타월 심의 위쪽에 올리세요. 접착테이프를 이용하여 직사각형을 키친타월 심에 붙이세요. 연필심으로 원 모양의 종이의 중심에 구멍을 뚫으세요. 키친타월 심의 길이와 원의 지름을 측정하세요.

휘황찬란한 만화경 만들기 65

3 플라스틱 파일에 세로는 키친타월 심 길이 만큼 가로는 키친타월 심 지름의 2.5배만큼 직사각형을 그리세요. 직사각형을 3등분으로 나누어 같은 크기의 직사각형이 3개가 되도록 그리세요. 한쪽 면에 얇은 직사각형이 나오도록 그리세요.

4 직사각형을 자르고 안쪽에 그려진 3개의 선을 따라 자를 대고 가위로 금을 그으세요. 선 자국을 따라 접어서 삼각 프리즘을 만드세요. 접착테이프를 이용하여 얇은 직사각형을 붙이세요.

5 삼각 프리즘을 키친타월 심에 집어넣으세요. 그리고 키친타월 심 끝에 있는 원 모양의 종이와 맞닿게 하세요. 프리즘과 키친타월 심이 꽉 맞도록 하세요. 안 맞을 경우 접착테이프를 이용하여 프리즘을 고정시키세요.

 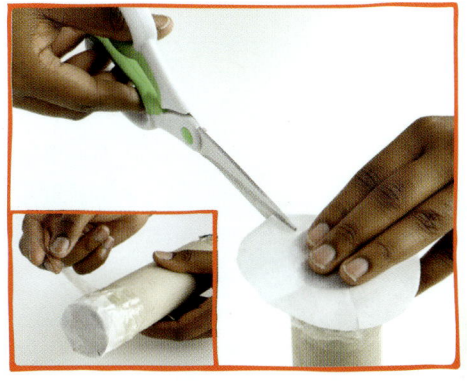 

6 비닐 랩을 키친타월 심의 다른 한쪽 끝에 느슨하게 덮고 접착테이프로 고정시키세요. 이제 비닐 랩 위에 반짝거리는 비즈를 올려놓으세요.

7 내유지를 키친타월 심의 지름보다 더 크게 원 모양으로 자르세요. 이것을 비즈 위에 올리고 내유지 가장자리를 가위로 자르세요. 심의 지름보다 크게 나온 내유지 부분을 접고 접착테이프로 붙이세요.

8 원한다면 키친타월 심을 예쁘게 꾸미세요. 이제 원 모양의 종이에 뚫린 구멍으로 안을 들여다보세요. 만화경을 창문이나 전등 쪽을 향하게 하여 회전시켜 보세요. 그리고 멋진 광경을 즐기세요!

원리 파헤치기

만화경을 들여다볼 때 생기는 패턴의 중심 부분은 키친타월 심 끝에 있는 삼각형 안에 채워진 비즈들입니다. 여러분은 이것을 직접 볼 수 있습니다. 비즈를 통과한 빛들 중 약간의 빛이 키친타월 심 안에서 직진하기 때문입니다. 가운데 삼각형 주변에 있는 패턴들은 삼각 프리즘 안에 있는 세 개의 반사면 중 한 개 또는 두세 개 면에서 반사한 빛에 의해서 만들어집니다. 각각의 반사면은 거울처럼 빛의 방향을 바꿔 줍니다. 그래서 마치 거울 뒤에서 빛이 나오는 것처럼 만들어 줍니다.

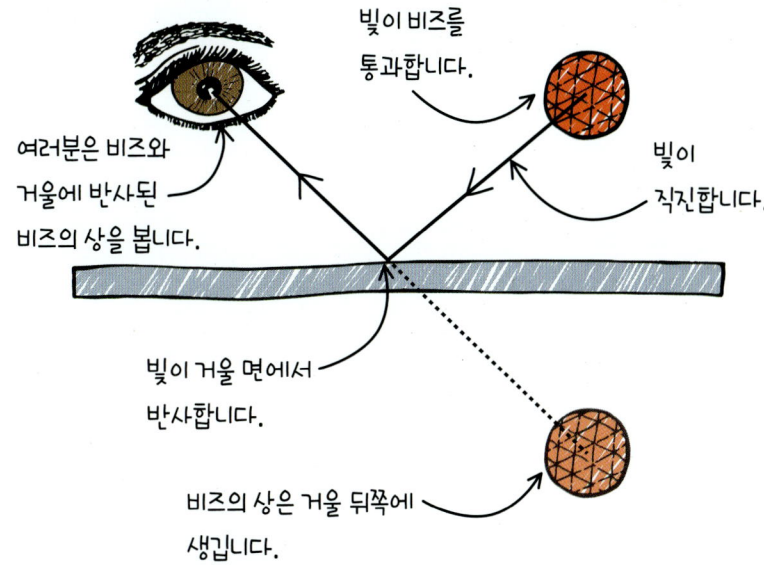

풍선 로켓 자동차

공기를 내뿜으면서 달리는 자동차를 만들어 보세요. 자동차에 장착된 풍선 안에 있던 공기가 자동차 뒤쪽으로 순식간에 빠져나가며 자동차를 앞으로 밀어 줍니다. 제트비행기나 우주로켓도 같은 원리로 날아갑니다. 풍선을 불어서 자동차가 얼마나 빠르게 멀리까지 갈 수 있는지 지켜봅시다. 이제 출발할까요? 부릉부릉!

자동차를 어떤 모양으로 만들면 더 빨리 달릴 수 있을지 생각해 보세요.

풍선의 신축성 때문에 풍선 안에 있는 공기는 풍선이 누르는 힘을 받고 있습니다.

공기가 뒤쪽으로 빠져나가기 때문에 자동차는 앞으로 나아갈 수 있습니다.

단단한 바퀴 때문에 자동차는 도로에서 안정적으로 달릴 수 있습니다.

경주가 시작됩니다!

친구들과 함께 풍선 로켓 자동차를 만들어서 경주할 수 있습니다. 직선으로 경주 도로를 만들면 방향을 조종할 필요가 없겠죠! 어떤 자동차가 결승선에 가장 먼저 도착하는지 지켜보세요. 어떻게 하면 여러분이 만든 자동차가 더 빨리, 더 멀리 달릴 수 있을까요?

풍선 로켓 자동차 만들기

자동차의 몸체는 골판지로 만들어졌기 때문에 자를 때 구부러지거나 구겨지지 않도록 주의해야 합니다. 여기서는 디자인을 하나만 보여 주지만 여러분이 원하는 어떤 모양으로 만들어도 좋습니다. 자동차에 색칠을 할 때 물감을 흘려도 괜찮은 장소를 찾아서 바닥에 신문지를 깔아 놓으세요.

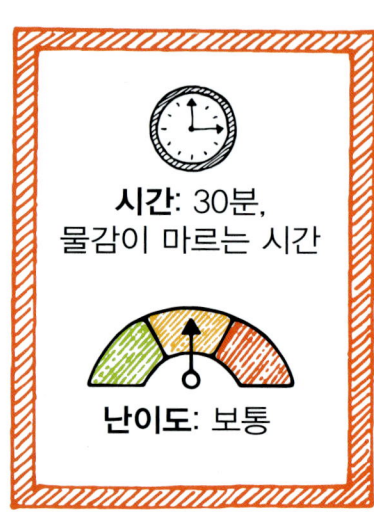

시간: 30분, 물감이 마르는 시간

난이도: 보통

준비물

- 가위
- 펜
- 나무 꼬치 2개
- 구부러지는 빨대 3개
- 물감용 붓
- 플라스틱 병뚜껑 4개
- 풍선
- 접착테이프
- 양면테이프
- 골판지
- 약간 작은 골판지
- 큰 골판지 (30cm×20cm)
- 물감 (좋아하는 색으로 고르세요.)

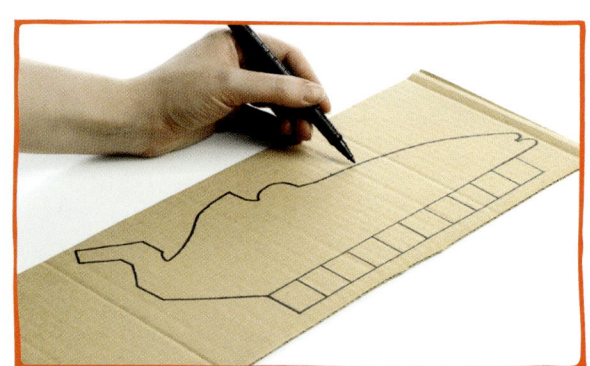

1 큰 골판지 위에 자동차 모양을 그리세요. 자동차 몸통 밑에 2cm 너비의 직사각형들을 한 줄로 그려 넣을 만큼의 공간을 남겨 놓으세요. 직사각형을 깔끔하게 그리기 위해 자를 이용해도 됩니다. 이 직사각형들은 자동차 바닥에 몸체를 고정시키는 데 필요합니다.

2 가위를 이용하여 자동차의 전체 모양을 자르세요. 직사각형 사이의 선은 지금 잘라도 되고 나중에 물감을 칠하고 난 후에 잘라도 됩니다. 만약 나중에 자를 거라면 직사각형 사이의 선이 물감으로 가려지지 않도록 색칠에 주의하세요. 이 직사각형 부분들은 자동차의 바닥에 몸통을 붙일 때 접어 주세요.

풍선 로켓 자동차 만들기   69

자동차 바닥으로 사용될 직사각형을 그릴 때 자를 이용하면 줄을 반듯하게 그릴 수 있습니다.

3 자, 이제 자동차의 바닥을 만들 차례입니다. 1단계에서 그렸던 직사각형의 긴 변과 같은 길이로 자동차 바닥이 될 직사각형을 그리고 가로로 자르세요. 바닥이 될 직사각형의 폭은 3cm입니다.

4 플라스틱 병뚜껑을 자동차의 바퀴로 사용할 수 있습니다. 뾰족한 도구로 병뚜껑의 중심에 구멍을 뚫으세요. 바닥에 지점토 한 덩어리를 놓고 그 위에 병뚜껑을 올려놓은 후 뚫으면 손가락이 다치지 않습니다. 만약 어렵게 느껴진다면 어른에게 도움을 요청하세요.

자동차를 실제처럼 보이기 위해 음영을 넣고 싶다면 물감을 2가지 이상 사용해도 됩니다.

5 자동차를 조립하기 전에 각각의 조각들을 물감으로 색칠하세요. 여러분이 원하는 어떤 색으로 칠해도 상관없습니다. 다만 진짜 자동차처럼 보이기 위해서 골판지의 양면에 모두 칠하세요. 이때 바닥에 신문지를 깔아야 바닥이 지저분해지지 않습니다.

자동차의 바닥 부분은 윗면만 색칠해도 됩니다.

자동차 바퀴도 색칠할 수 있습니다.

풍선 로켓 자동차

자동차 바닥 바깥쪽의 빨대를 잡고 자르면 정확한 길이로 자를 수 있습니다.

6 빨대를 붙잡고 자동차 바닥의 너비와 같은 길이가 되도록 가위로 자르세요. 이렇게 빨대 2개를 만드세요. 이 빨대들은 바퀴가 잘 굴러갈 수 있게 차축을 고정하는 역할을 합니다.

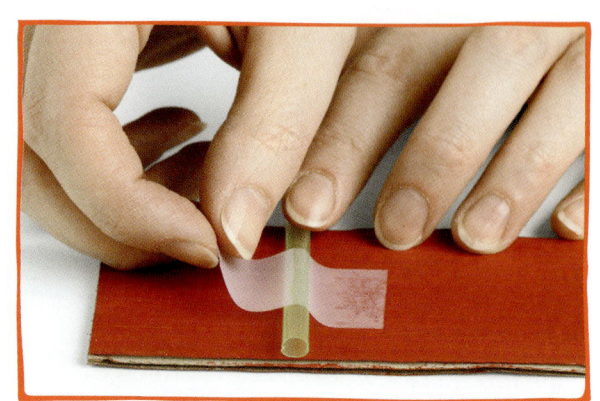

7 접착테이프로 앞서 잘라 놓은 2개의 빨대를 자동차 바닥에 붙이세요. 직사각형 양쪽 끝에서 2~3cm 떨어진 지점에 가장자리와 수직이 되도록 빨대를 각각 붙이세요.

나무 꼬치 끝이 쪼개지면서 손가락을 다칠 수 있으니 조심하세요.

가끔 나무 꼬치가 부러지면서 위로 젖혀질 수 있으니 잘 살펴보세요.

8 빨대의 두 배 길이가 되도록 나무 꼬치를 자르세요. 가위를 사용할 땐 조심하세요. 이렇게 만들어진 2개의 나무 꼬치는 각각 한쪽 끝이 뾰족합니다. 이 나무 꼬치들은 바퀴를 고정하는 차축이 됩니다.

9 차축으로 쓰이게 될 나무 꼬치의 뾰족한 부분을 플라스틱 병뚜껑의 바깥쪽 구멍에 끼워 넣으세요. 그 다음 나무 꼬치를 빨대에 끼워 넣으세요. 그러고 나서 차축을 나머지 바퀴의 안쪽에 끼워 넣으세요.

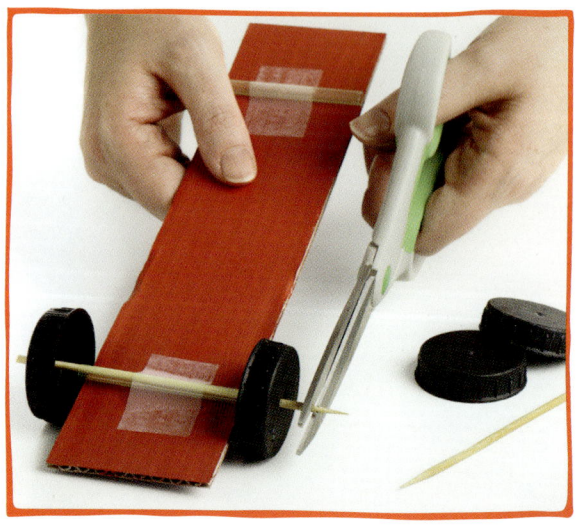

10 안전을 위해 바퀴 바깥으로 튀어나온 나무 꼬치의 날카로운 부분을 잘라내세요. 9단계를 반복하여 다른 쪽 바퀴도 장착하세요. 혹시 바퀴가 나무 꼬치에서 빠질까 염려된다면 병뚜껑 바깥으로 나와 있는 나무 꼬치 끝부분에 접착테이프를 작게 잘라서 붙이세요.

> F1 경주용 자동차의 바닥은 가볍지만 매우 강한 탄소섬유로 만들어졌습니다.

풍선 로켓 자동차 만들기   71

11 아직 자르지 않았다면 자동차 몸체 아래에 있는 직사각형 모양을 자르세요. 직사각형 꼭지들을 서로 엇갈린 방향으로 접고 각각의 꼭지 아랫면에 양면테이프를 작은 크기로 잘라서 붙이세요.

양면테이프 대신에 접착제를 사용해도 좋습니다.

여기를 접을 때 찢어지지 않게 주의하세요.

자동차 바퀴가 자동차 바닥에 고정된 상태로 잘 굴러가는지 확인하세요.

12 직사각형들이 서로 잘 엇갈려 있는지 확인한 후 자동차 바닥면에 붙이세요. 직사각형이 바닥에 붙을 수 있도록 손가락으로 잘 누르세요. 자! 이제 자동차가 달릴 수 있는 도로만 있으면 됩니다.

풍선을 자를 때 가능한 한 입구의 끝부분을 자르세요.

13 풍선의 입구 부분을 자르세요. 풍선에 공기를 많이 불어 넣을수록 자동차가 더 큰 힘을 받으며 빨리 달릴 수 있습니다.

풍선 로켓 자동차

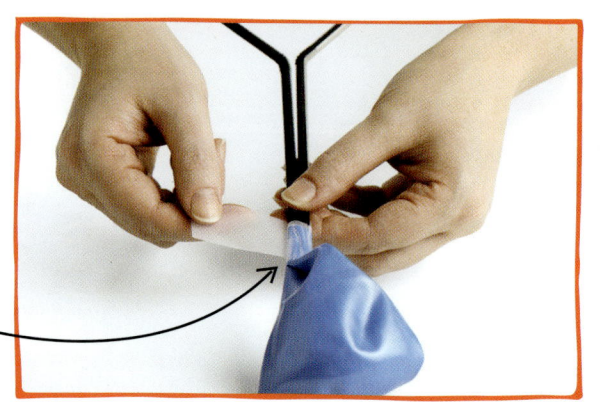

가능한 한 풍선의 입구가 빨대에 밀착되게 하세요. 그러지 않으면 공기가 새어 나옵니다.

14 구부러진 빨대 두 개의 긴 쪽 끝부분들을 풍선의 입구에 집어넣고 그 둘레를 테이프로 감싸세요. 이때 빨대와 풍선이 밀착되도록 고정시키세요. 그래야 공기가 틈으로 빠져나가지 않습니다.

15 자동차의 몸체 뒤쪽에 빨대를 거꾸로 세워 끼워 넣은 뒤 테이프로 고정시키세요. 주름진 빨대의 짧은 쪽을 자동차의 배기구처럼 뒤쪽으로 향하도록 구부리세요. 빨대 두 개가 서로 고정되도록 접착테이프를 사용하세요.

16 이제 여러분의 자동차가 다 만들어졌습니다! 풍선의 입구를 엄지손가락과 검지로 잡고 빨대의 끝부분에 공기를 불어 넣으세요. 풍선이 부풀어 오르면 엄지와 검지로 꽉 집어서 공기가 밖으로 빠져나가지 않게 하세요. 자동차를 바닥에 내려놓으세요. 그리고 자동차를 출발시키세요!

행운의 숫자를 골라 자동차에 새겨 넣으세요.

한 걸음 더 나아가기

그림에 보이는 것처럼 빈 플라스틱 병으로 자동차의 몸통을 만들어 보세요. 풍선과 빨대를 좀 더 밀착시키기 위해서 빨대를 하나만 사용해도 됩니다. 이렇게 하면 풍선과 빨대 사이로 공기가 새어 나가지 않습니다. 이제는 풍선을 서로 다른 크기로 불어 보세요. 큰 풍선이 더 멀리 나가나요? 아니면 더 빠른가요?

병 입구 근처에 구멍을 만들어 빨대를 통과시키세요.

빨대가 병 입구를 수평으로 통과하도록 하세요.

바퀴를 끼우는 것도 잊지 마세요.

바퀴의 크기와 재질에 따라 자동차의 속력이 달라질 수 있습니다. 구할 수 있다면 구형 DVD나 골판지를 이용하여 큰 바퀴를 만들어 자동차를 움직여 보세요. 어떤 일이 일어날까요?

원리 파헤치기

풍선을 불면 공기가 풍선 안으로 들어가서 풍선이 크게 늘어납니다. 풍선이 공기를 밀어내게 되면 공기는 빠져나갈 유일한 통로인 빨대를 통해 밖으로 나옵니다. 아래로 이동하던 공기는 빨대의 주름진 부분에서 방향을 바꾸어 자동차의 뒤쪽으로 향합니다. 자동차 뒤쪽에서 빠져나온 공기가 자동차를 앞으로 밀어 주기 때문에 자동차는 앞으로 움직일 수 있습니다. 빨대 안을 통과하는 공기의 양이 많을수록 자동차에 더 큰 힘이 작용하게 됩니다.

부풀어 오른 풍선은 풍선 안에 있는 공기를 밀어냅니다.

빨대에서 공기가 방출되기 때문에 자동차는 앞으로 움직일 수 있습니다.

풍선에서 빠져나가는 공기가 빨대를 밀어냅니다.

공기가 빨대에서 빠져나옵니다.

바퀴가 구르면서 자동차가 움직입니다.

우리 주변의 과학

제트엔진

제트엔진에서 터빈 안의 날개가 회전하면서 공기를 빨아들입니다. 빨아들인 공기를 압축하고 가열하여 고온의 기체를 만들어 비행기의 뒤쪽에 있는 배출구로 내보냅니다. 방출된 이 기체가 뒤쪽에 있는 공기를 밀게 되면 비행기는 앞쪽으로 고속 비행을 할 수 있게 됩니다.

공기저항

자동차는 공기저항을 가능한 한 적게 받도록 매끈한 모양으로 디자인됩니다. 자동차는 움직이면서 경로 바깥으로 공기를 밀어냅니다.

여러분이 만든 자동차는 매우 얇기 때문에 공기저항은 문제가 되지 않습니다.

그림에 보이는 것처럼 많은 스포츠카들이 공기를 가르고 빠른 속도로 달릴 수 있도록 유선형 모양을 하고 있습니다.

버스처럼 사각형 모양의 자동차는 더 많은 공기저항을 받기 때문에 빠른 속도로 달리기 어렵겠지요.

튼튼한 다리

막대사탕의 막대기 한 개는 그리 강하지 않겠지요? 그러나 이 막대기 여러 개를 합친다면 엄청난 무게를 지탱할 만큼의 단단한 구조물이 된답니다. 직접 확인해 보고 싶다면 막대사탕 막대기(혹은 아이스크림 막대기)들, 접착제, 접착테이프를 이용하여 여러분만의 다리를 만들어 보세요. 이 놀랍도록 튼튼한 구조물의 비밀은 바로 삼각형 구조에 있답니다. 튼튼한 다리 만들기에 도전하고 싶다면, 가능한 한 다리를 길게 만들어 보세요. 그리고 튼튼한 구조물의 핵심이 삼각형 구조임을 잊지 마세요.

삼각형들이 서로 연결됨으로써 이 다리는 더 무거운 하중을 버틸 수 있게 됩니다.

견고한 삼각형 구조

삼각형은 단단한 모양을 하고 있습니다. 삼각형들을 서로 연결하면 마치 단단한 하나의 커다란 구조물과 같아집니다. 작은 삼각형 구조들이 모여 하나의 물체처럼 연결될 때, 이것을 트러스라고 부릅니다. 주변의 건축 구조물에서 이 트러스를 쉽게 볼 수 있습니다. 한번 살펴보세요. 우리 주변의 건축물에서 많은 삼각형을 찾을 수 있을 거예요.

만약 벽돌이나 무거운 돌로 다리의 강도를 시험한다면, 다리 아래로 떨어지지 않도록 주의하세요!

좋아하는 색으로 여러분의 초강력 다리를 색칠해서 꾸며 보세요.

튼튼한 다리 만들기

이 다리를 만들기 위해서는 시간을 투자해야 합니다. 삼각형을 더 정확하게 맞출수록, 접착제를 붙여 놓은 시간이 길수록 강한 구조물을 만들 수 있습니다. 접착제가 바닥에 떨어져 지저분해질 수 있으니 바닥에 신문지 몇 장을 깔아 놓으세요. 그리고 다리의 일부를 만들 동안 이미 완성된 다리의 부분들을 보관할 충분한 장소를 마련하세요.

시간: 2시간　　**난이도**: 어려움

준비물

PVA 접착제

벽돌

나무 막대 70개

마스킹 테이프

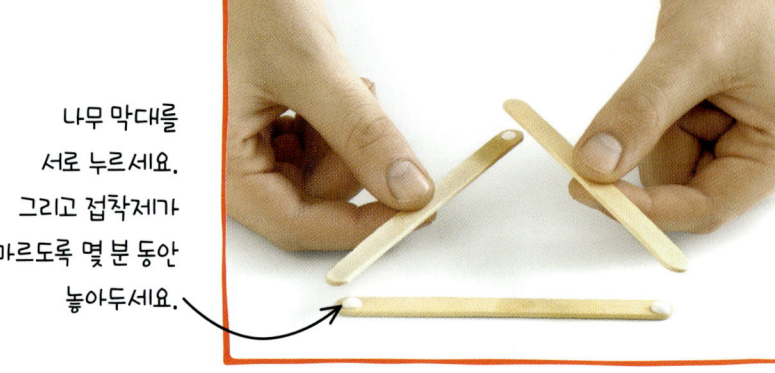

나무 막대를 서로 누르세요. 그리고 접착제가 마르도록 몇 분 동안 놓아두세요.

1 다리의 옆면을 만드는 작업부터 시작합니다. 먼저 정삼각형을 만들기 위해 나무 막대 끝에 접착제를 바른 후 서로 붙여 연결하세요. 세 변의 길이, 모서리의 각도를 모두 같게 해야 정삼각형이 되겠죠?

나무 막대들의 맨 끝에 정삼각형을 연결해야 합니다.

2 다른 나무 막대의 한쪽 끝에 접착제를 바르고 이전에 만들어 둔 삼각형의 한쪽 모서리를 다른 막대 위에 올려놓고 누르세요. 두 개의 새로운 나무 막대를 가져와 막대가 직선을 이루도록 한 줄로 놓으세요.

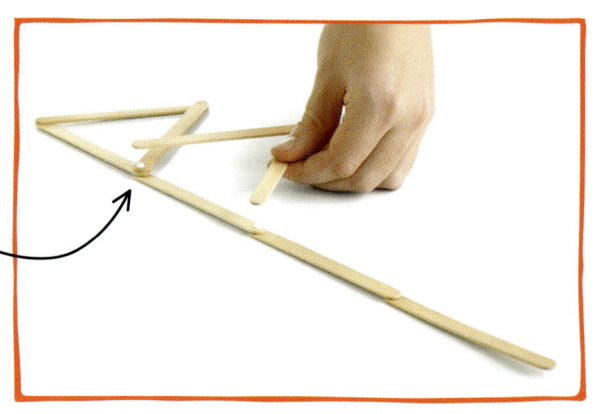

나무 막대의 끝을 서로 연결하여 정삼각형이 되도록 접착제로 붙이세요.

3 서로 붙어 있는 두 개의 나무 막대를 한 줄로 놓여 있는 막대 위에 정삼각형이 되도록 놓으세요. 이 과정을 2번 반복하여 4개의 정삼각형이 한 줄로 연결되도록 하세요.

튼튼한 다리 만들기 77

4 다리의 옆면을 완성하기 위해, 4개의 삼각형 각 상단의 꼭짓점 사이를 나무 막대에 접착제를 발라서 연결시키세요.

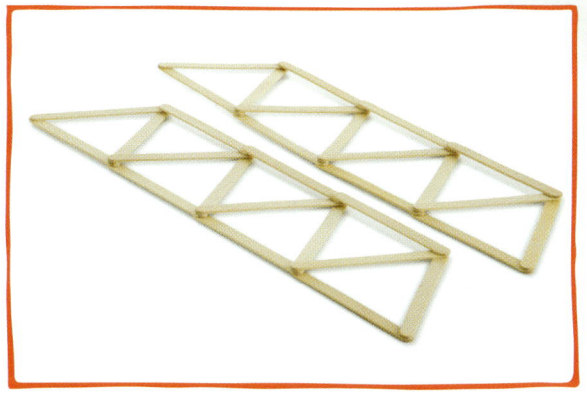

5 단계 1에서 4까지를 반복하여 다리의 다른 옆면을 완성하세요. 그리고 접착제가 완전히 붙을 때까지 안전한 장소에서 건조시키세요.

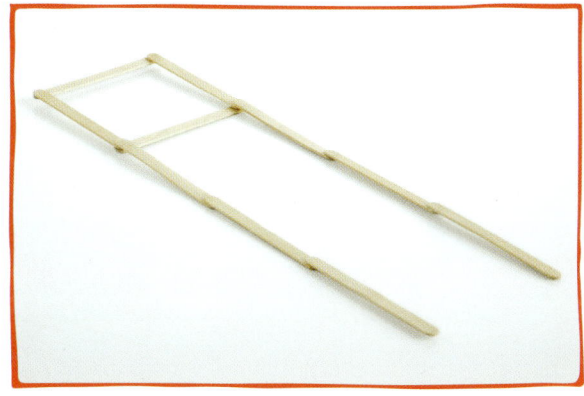

7 나무 막대 3개를 일렬로 만들어 정사각형으로 만든 나무 막대의 모서리에 붙입니다. 또 다른 나무 막대 3개를 일렬로 만들어 이전에 만든 긴 나무 막대에 평행하도록 정사각형의 다른 모서리에 붙입니다.

나무 막대가 구부러지지 않도록 조심해서 다루세요.

접착제는 조금만 써도 됩니다.

나무 막대를 접착제로 붙이기 전에 나무 막대들의 모양을 잘 잡는 것이 중요합니다.

6 다리의 바닥 면을 만들기 위해 4개의 나무 막대 끝에 접착제를 발라서 서로 연결시켜 정사각형을 만드세요. 접착제가 완전히 붙을 때까지 몇 분 정도 놓아두세요.

나란하게 일렬로 놓여 있는 두 개의 나무 막대 끝에 새로운 나무 막대를 접착제로 연결시키세요.

8 또 다른 정사각형 나무 막대를 만들기 위해 나무 막대 하나의 양쪽 끝에 접착제를 발라 일렬로 연결된 나무 막대가 접한 부분에 붙이세요. 2개의 나무 막대로 이 과정을 반복하여 총 4개의 정사각형을 만드세요.

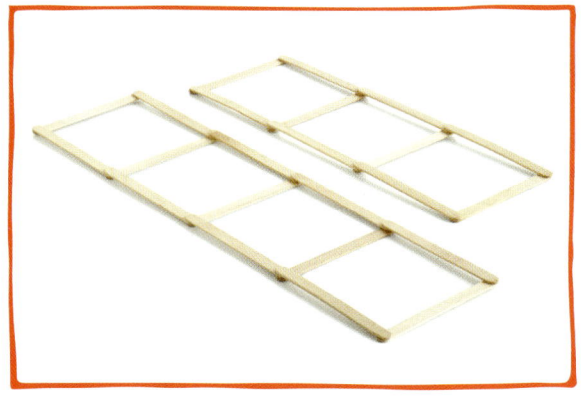

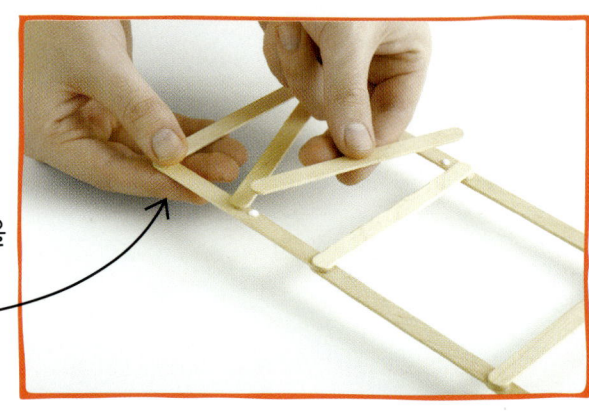

나무 막대를 붙일 때 정사각형 모서리 부분을 꼭 잡아서 떨어지지 않게 하세요.

9. 다리 윗면도 같은 방식으로 만듭니다. 그러나 윗면은 사각형이 3개가 되도록 합니다. 좀 더 작은 양의 나무 막대로 단계 6, 7, 8을 반복합니다. 이제 삼각형 구조를 추가하여 정사각형의 강도를 높여 봅시다.

10. 정사각형의 한쪽 모서리와 반대편 나무 막대의 중간 부분에 접착제를 발라서 나무 막대로 연결시키세요. 삼각형 구조가 되도록 새로운 나무 막대로 반대쪽 모서리에 접착제로 연결시키세요. 각각의 정사각형마다 이 과정을 반복하세요.

다리의 윗면은 3개의 정사각형과 6개의 직각삼각형 그리고 3개의 정삼각형으로 이루어져 있습니다.

다리의 바닥 면은 4개의 정사각형과 8개의 직각삼각형 그리고 4개의 정삼각형으로 이루어져 있습니다.

11. 삼각형 구조를 만들어서 강도를 보강한 다리의 윗면과 바닥 면을 안전한 장소에 두어 접착제가 완전히 붙을 수 있게 하세요. 접착제가 다 말랐다면 이제 다리의 모든 면을 서로 연결할 때가 된 것입니다.

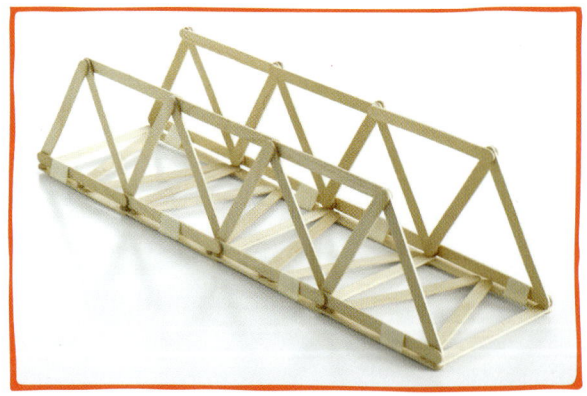

도움이 필요합니다. 친구나 어른이 양손으로 잡아 줘야 하는 약간 까다로운 작업입니다.

12. 다리 옆면의 긴 쪽을 다리 바닥 면의 긴 쪽에 접하게 한 후 직각이 되도록 잡으세요. 서로 접한 나무 막대들이 단단하게 고정되도록 마스킹 테이프로 둘러쌉니다.

13. 또 다른 다리 옆면을 같은 방식으로 다리 바닥 면과 직각이 되게 마스킹 테이프로 고정시키세요.

튼튼한 다리 만들기   79

14 다리의 옆면을 바닥 면에 붙였던 것과 같은 방식으로 다리 윗면을 다리 옆면에 붙이세요. 접한 부분의 나무 막대를 마스킹 테이프로 둘러싸서 단단히 고정시키세요.

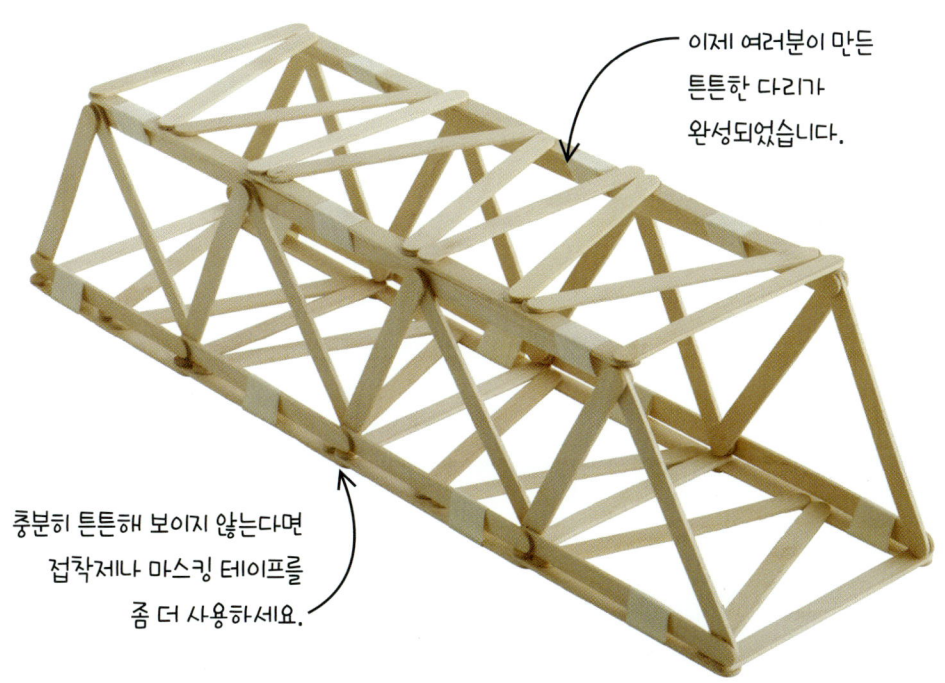

이제 여러분이 만든 튼튼한 다리가 완성되었습니다.

충분히 튼튼해 보이지 않는다면 접착제나 마스킹 테이프를 좀 더 사용하세요.

15 다리의 강도를 시험할 안전한 장소를 선택하세요. 아마 집 밖이 제일 좋은 장소일 것입니다. 어른의 도움을 받아서 벽돌을 들어 다리의 윗면에 살며시 놓으세요. 어떤 일이 벌어졌나요? 만약 여러분이 접착제가 완전히 굳을 때까지 충분히 기다렸고 마스킹 테이프를 충분히 사용했다면 벽돌 한 개는 거뜬히 버틸 수 있을 것입니다. 벽돌이 좀 더 있다면 한 개씩 천천히 올려놓으세요. 와, 정말 대단하지요!

원리 파헤치기

다리 윗면에 벽돌을 올려놓을 때 벽돌은 다리 옆면에 있는 나무 막대들을 아래로 누르게 됩니다. 단단한 물체가 짓눌린 것을 "압축 상태"라고 합니다. 그러나 나무 막대들이 다리 옆면의 아래쪽 나무 막대들과 완전히 고정되어 있지 않다면 나무 막대들이 서로 움직이게 됩니다. 이 나무 막대들은 "인장 상태"로 양쪽으로 잡아당겨져 위에서 누르는 힘을 받는 나무 막대들을 지탱한답니다.

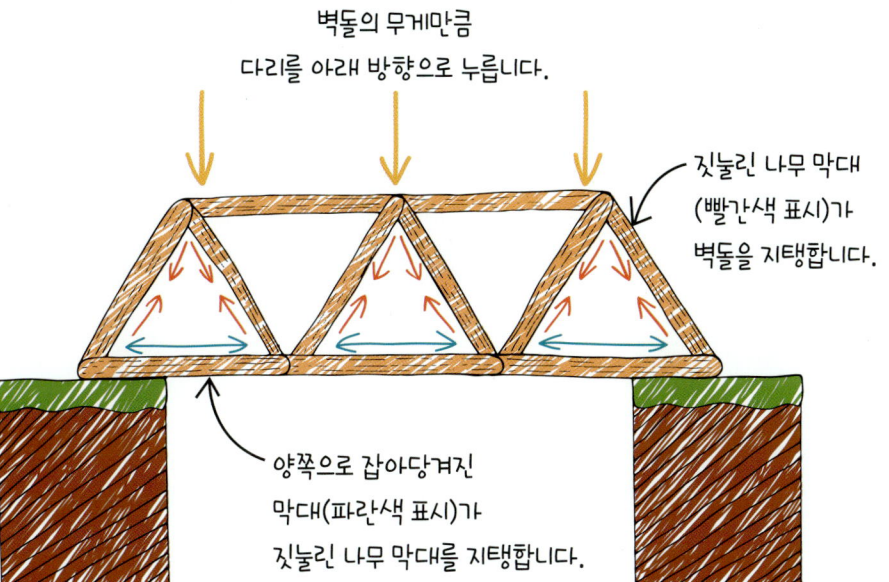

벽돌의 무게만큼 다리를 아래 방향으로 누릅니다.

짓눌린 나무 막대(빨간색 표시)가 벽돌을 지탱합니다.

양쪽으로 잡아당겨진 막대(파란색 표시)가 짓눌린 나무 막대를 지탱합니다.

우리 주변의 과학
도시의 모습

대부분의 다리와 마찬가지로 오스트레일리아 시드니 하버 브리지에서도 삼각형 구조를 볼 수 있습니다. 물질이 압축 상태와 인장 상태에 놓였을 때 얼마나 튼튼한지 결정짓는 요소에는 훌륭한 재료도 있습니다. 이런 점을 고려하여 설계자나 기술자는 건축물을 짓기 전에 그 건축물이 얼마나 큰 힘을 견딜 수 있는지를 계산합니다.

춤추는 뱀

혹시 뱀을 부리는 사람이 되고 싶다는 생각을 해 본 적이 있나요? 아니면 마술쇼처럼 뱀을 위아래로 점프시켜 보고 싶지는 않나요? 여기 방법이 있답니다. 바로 보이지 않는 힘인 정전기를 이용하는 것이지요. 휴지 조각과 풍선만 있으면 이 힘을 만들어 낼 수 있습니다. 그리고 여러분도 알다시피 정전기는 종이뱀을 길들이는 것 외에도 다른 신기한 일을 할 수 있습니다. 심지어 흐르는 물도 휘게 할 수 있답니다.

여러분이 만든 춤추는 뱀은 매우 안전한 형태의 전기에 반응합니다.

머리를 위로

종이뱀을 테이블 위에 놓거나 바구니 안에 놓으면, 종이뱀의 머리는 보통 바닥에 납작하게 붙어 있습니다. 종이뱀은 가벼운 물질로 되어 있지만 중력에 의해 아래로 향하는 힘을 받습니다. 이것을 들어 올리려면 중력과 반대 방향으로 종이뱀의 머리를 끌어당겨 줄 또 다른 힘이 있어야만 합니다. 이것이 바로 전기를 띤 물질 사이에 서로 끌어당기는 힘입니다.

정전기는 뱀이 마치 살아 있는 것처럼 만듭니다. 풍선에 있는 정전기 전하가 뱀의 머리로 이동하여 뱀이 일어서도록 만듭니다.

실제 뱀을 부리는 사람이 하는 것처럼, 여러분은 뱀이 바구니 안으로 들어가게 할 수 있습니다.

춤추는 뱀 만들기

시간: 15분 **난이도**: 쉬움

종이뱀을 가위로 오리기 위해서는 한 손을 고정시켜야 합니다. 그러나 이번 실험은 풍선을 부는 일만큼 쉽습니다. 정전기가 종이뱀에 작용하는 힘에 대해 알게 되면, 여러분은 다른 물체에도 이 힘을 작용시켜 볼 수 있습니다. 이번 실험에서 다루는 정전기는 완벽하게 안전합니다. 그러나 절대로 전선이나 가전 기기를 가지고 전기 실험을 하지는 마세요. 그건 정말로 위험한 일이니까요!

준비물

접착테이프
풍선
펜
가위
큰 접시나 사발
얇은 종이

펜으로 종이를 너무 강하게 누르지 마세요. 종이가 찢어질 수도 있습니다.

1 여러분 주변에서 볼 수 있는 가장 얇은 종이를 펼쳐 놓으세요. 편평한 테이블 위에 종이를 펼쳐 놓고 그 위에 접시를 뒤집어 놓으세요. 그다음 펜으로 접시 둘레를 따라 원을 그리세요.

뱀의 몸통을 똑같은 너비로 만듭니다.

2 뱀이 똬리를 튼 모습을 본떠 종이에 나선형 모양을 그리세요. 나선형의 중심은 뱀의 머리 부분이 되고, 바깥쪽을 향한 뾰족한 부분은 뱀의 꼬리가 된답니다.

춤추는 뱀 만들기   83

혓바닥을 조심해서 붙이세요. 이제 종이뱀이 완성되었습니다.

3 여러분이 그린 원의 둘레 부분을 조심스럽게 가위로 자르세요. 그리고 계속해서 나선형으로 그린 선을 따라 가위로 자르세요. 가위를 돌려 가면서 자르다 보면 어느새 종이뱀이 나타나게 됩니다. 얇은 종이는 매우 쉽게 구겨지기 때문에 손가락으로 집을 때 너무 세게 잡지 않도록 주의하세요.

4 원한다면 뱀을 꾸미는 것도 좋습니다. 펜으로 뱀의 눈을 그려 넣거나, 남은 종이로 뱀의 혓바닥 모양을 만들고 빨간색으로 칠해서 붙일 수도 있습니다. 뱀의 꼬리는 접착테이프로 테이블에 고정시키세요.

풍선은 이제 전하를 띠게 되었습니다.

풍선을 뱀에 가깝게 가져갔다가 멀리 떨어뜨렸다 하면 뱀이 마치 춤을 추는 것처럼 보이죠?

5 이제 정전기를 만들 시간입니다. 풍선을 불어서 입구를 묶으세요. 그다음 풍선을 스웨터같이 털로 된 물체에 1분 정도 약간 세게 문지르세요. 털로 된 물체가 없다면 여러분의 머리카락에 풍선을 문질러도 좋습니다.

전하를 띤 물체들이 서로 가까이 있을수록 물체들 사이에는 더 큰 힘이 작용한답니다.

6 전하를 띤 풍선을 서서히 종이뱀에 가깝게 가져가세요. 풍선과 뱀의 머리 부분이 약 2cm 정도로 가까워지면 뱀의 머리 부분이 풍선에 달라붙습니다. 이렇게 되면 뱀은 풍선이 있는 위쪽으로 일어서게 됩니다.

한 걸음 더 나아가기

다양한 방법으로 정전기 실험을 할 수 있습니다. 집에서 쉽게 찾을 수 있는 물체로 몇 가지 재미난 실험을 해 봅시다. 자, 이전에 했던 것처럼 풍선을 털이나 머리카락에 문질러서 정전기를 발생시키세요.

물줄기 휘게 만들기

눈에 보이지 않는 정전기력은 마법처럼 보이는 놀라운 일을 할 수 있습니다! 정전기가 물줄기를 얼마나 휘게 만들 수 있는지를 우리 눈으로 직접 확인해 봅시다.

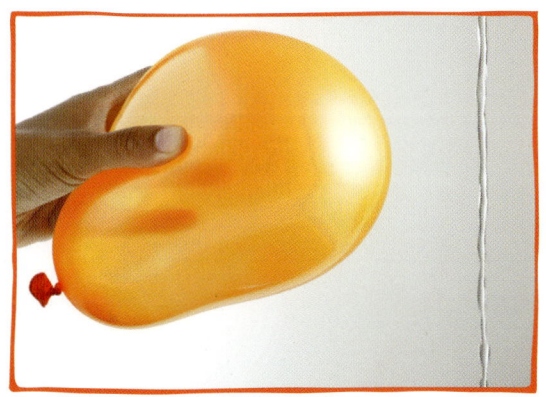

1 수도꼭지를 틀어서 끊어지지 않을 정도로 가는 물줄기를 만드세요. 아직 전하를 띠지 않은 풍선을 물줄기에 가까이 가져가세요. 무슨 일이 벌어지냐고요? 아무 일도 벌어지지 않습니다!

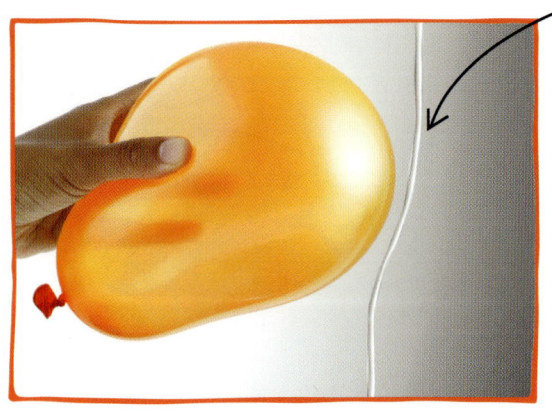

풍선이 물줄기에 가까울수록 정전기력이 더 강해집니다.

2 이제 전하를 띤 풍선을 물줄기에 가까이 가져가 보세요. 이번에는 어떻게 될까요? 물줄기가 휘어집니다. 신기하죠? 정전기력이 물줄기를 끌어당기기 때문입니다.

점프하는 종이 인형

사람들을 춤추게 해 보세요! 전하를 띤 풍선을 테이블 위에 있는 작은 종이 인형 가까이 가져가서 끌어당기게 할 수 있습니다. 종이 인형을 위아래로 점프시키려면 풍선을 얼마나 가까이 가져가야 하는지 알아보세요.

중력 때문에 종이 인형들이 바닥에 붙어 있습니다.

1 종이를 작은 조각들로 자르세요. 홀 펀치로 종이를 뚫어서 만든 작은 종잇조각이 가장 좋습니다. 위와 같이 재미있게 생긴 종이 인형 모양을 만들어도 좋고요. 이들을 테이블 위에 올려놓으세요.

풍선에 있는 전하 때문에 종이 인형에도 전하가 생깁니다.

2 전하를 띤 풍선을 종이 인형에 가까이 가져가세요. 조각들이 위로 점프하여 풍선에 달라붙을 것입니다. 어떤 조각은 바닥으로 떨어졌다가 다시 점프하기도 할 것입니다.

서로 밀어내는 풍선들

정전기를 발생시키지 않은 풍선 2개를 줄로 매달아 서로 가깝게 놓으세요. 아무런 일도 일어나지 않습니다. 하지만 풍선에 정전기를 발생시키면 재미있는 일이 벌어집니다.

1 2개의 풍선을 각각 줄로 묶으세요. 아직 정전기를 발생시키지 말고, 양손의 엄지와 검지로 각각의 줄을 잡아서 풍선을 아래로 늘어뜨리세요.

눈에 보이지 않는 힘인 정전기력이 두 풍선 사이에 작용하여 서로 떨어져 있게 됩니다.

2 풍선이 전체적으로 고르게 전하를 띠게 한 후 두 풍선을 서로 가까이 가져가 보세요. 마술처럼 눈에 보이지 않는 힘이 두 풍선을 떨어져 있게 만듭니다.

원리 파헤치기

양(+)전하를 띤 양성자와 음(-)전하를 띤 전자에 의해 전하는 이동합니다. 전하들은 서로 힘을 작용하는데, 같은 종류의 전하끼리는 밀어내는 힘을, 다른 종류의 전하끼리는 끌어당기는 힘을 작용합니다. 보통은 어떤 곳이든 양전하와 음전하가 같은 숫자만큼 있습니다. 그러나 풍선을 털이나 머리카락에 문지르면 그곳에서 일부 전자를 가져와서 풍선이 전체적으로 음전하를 띠게 됩니다. 풍선에 있는 전자들이 종이뱀에 있는 전자들을 밀어내서 종이뱀의 머리 부분이 양전하를 띠게 만듭니다. 이런 이유 때문에 종이뱀이 풍선에 달라붙는 것입니다.

풍선에는 양성자(+)보다 전자(-)가 더 많아졌습니다.

종이뱀의 머리 부분에 있던 전자(-)는 밀려나서 종이뱀의 머리 부분은 전체적으로 양(+)전하를 띠게 됩니다.

우리 주변의 과학
번쩍이는 번개

번개 구름 안에서 소용돌이치는 바람 때문에 구름 안에 있는 얼음 결정들은 서로 부딪치게 됩니다. 이 때문에 구름의 아래쪽이 음전하를 띠게 되는데 이 음전하로 인해 지면은 양전하를 띱니다. 이때 지면까지 가장 짧은 경로를 따라 음전하가 이동하게 되는데 이것이 바로 번개입니다. 가장 짧은 경로를 선택하다 보니 가끔 지면이 아닌 나무로 번개가 치기도 합니다.

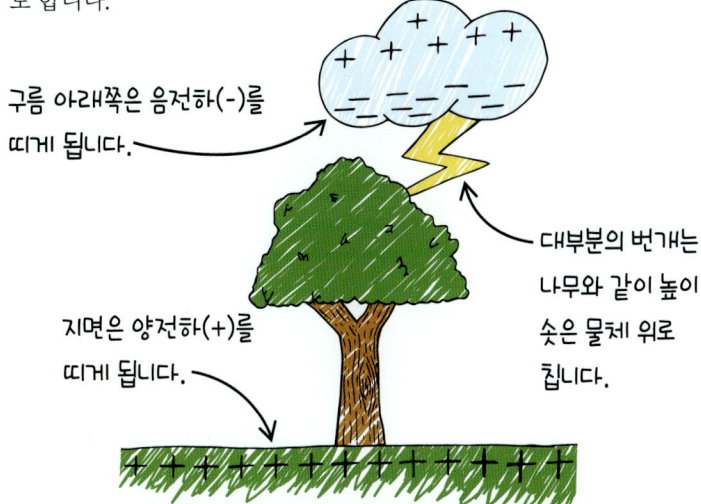

구름 아래쪽은 음전하(-)를 띠게 됩니다.

대부분의 번개는 나무와 같이 높이 솟은 물체 위로 칩니다.

지면은 양전하(+)를 띠게 됩니다.

허파 모형 장치

먼저 깊게 호흡해 보세요. 여러분의 몸이 공기를 어떻게 들이마시고 내뱉는지 궁금하지 않나요? 이것은 횡격막이라고 부르는 배 안의 특별한 근육과 공기의 압력 때문에 가능합니다. 플라스틱 병, 풍선 3개, 빨대 3개 그리고 집에서 구할 수 있는 잡동사니 몇 개로 우리가 어떻게 호흡하는지 보여 주는 모형을 쉽게 만들 수 있습니다.

두 개의 빨대에는 풍선을 끼워 폐로 들어오는 공기를 나타냅니다. 맨 아래 기관지를 나타냅니다.

들어오는 공기, 나가는 공기

공기로부터 산소를 얻으려면 숨을 들이마셔야 합니다. 폐 안에서 산소는 아주 가는 혈관 벽을 통과해서 혈액 속으로 들어가고 혈액으로 우리 몸의 각 부분으로 산소를 실어 나릅니다. 우리 몸이 모든 세포들은 그 산소 중 일부를 사용하고 부산물인 이산화탄소를 만들어 냅니다. 혈액은 이산화탄소를 다시 폐로 실어 나르게 되고, 이 이산화탄소는 폐 안에 있는 공기로 이동합니다. 그다음 우리가 숨을 내쉬면 바깥으로 배출됩니다.

두 개의 빨대는 풍선을 패고 나타냅니다.

플라스틱 병의 바닥에 붙어 있는 파란색 풍선은 횡격막이라 부르는 근육을 나타냅니다.

플라스틱 병은 흉곽을 나타냅니다.

호흡 모형 장치 만들기

이번 실험을 통해 우리 몸의 필수적인 기관이 어떻게 작동하는지 알아봅시다. 집에서 쉽게 구할 수 있는 재료를 이용하여 모형 폐를 만들 수 있습니다. 어렵지는 않지만 호흡 장치 모형이 잘 작동하게 하려면 결합 부분이 완전히 밀폐되도록 설명을 따라 해야 합니다. 접착테이프나 점토 접착제가 있다면 더 쉽게 만들 수 있으니 사용해 보세요.

시간: 30분 **난이도: 보통**

준비물

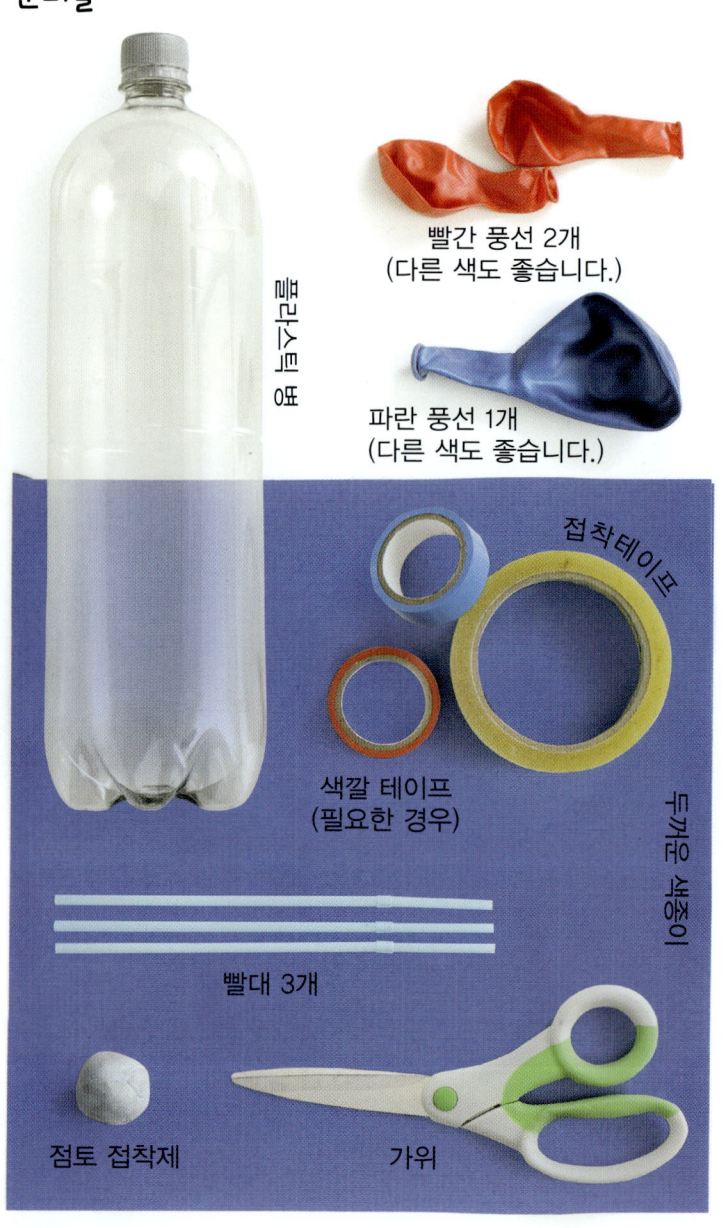

1 플라스틱 병의 바닥을 자르세요. 직선으로 자르도록 하세요. 그러면 이후에 병의 바닥 부분을 더욱 잘 밀폐시킬 수 있답니다. 혼자서 하기 어렵다면 주변에 도움을 요청하세요. 나중에 사용할 일이 있으니 병뚜껑은 버리지 말고 꼭 챙겨 놓으세요.

2 빨대 3개를 모두 10cm 길이로 자르세요. 이 중 하나는 목구멍 뒤쪽부터 폐까지 연결되어 공기가 통과하는 관인 기도를 나타내는 데 쓰입니다.

호흡 모형 장치 만들기 89

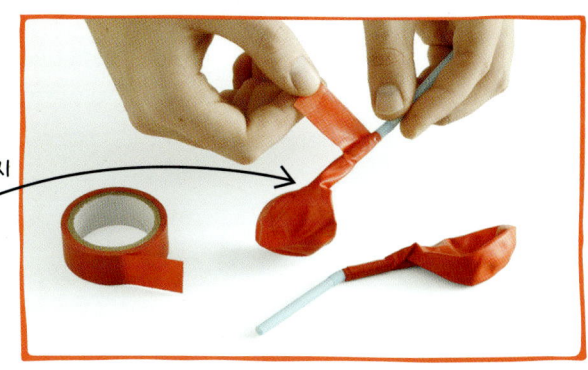

접착테이프로 감쌀 때 빨대가 눌리지 않게 주의하세요.

3 빨간 풍선 두 개의 입구를 자르세요. 이 모형에서 빨간 풍선은 폐를 나타냅니다. 숨을 들이마시고 내쉬는 것처럼 병 안에서 빨간 풍선이 팽창하고 수축하면서 공기를 빨아들이고 내보내게 됩니다.

4 빨대 끝부분을 풍선 안으로 2cm 정도 집어넣습니다. 그다음 풍선과 빨대가 완전히 밀폐되도록 접착테이프로 연결 부분을 꼼꼼하게 감싸세요. 다른 빨대도 이 과정을 반복해 주세요. 이 빨대들은 공기가 지나가는 통로인 '기관지'를 나타냅니다.

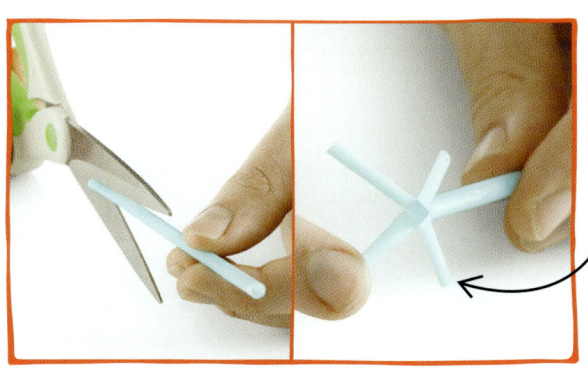

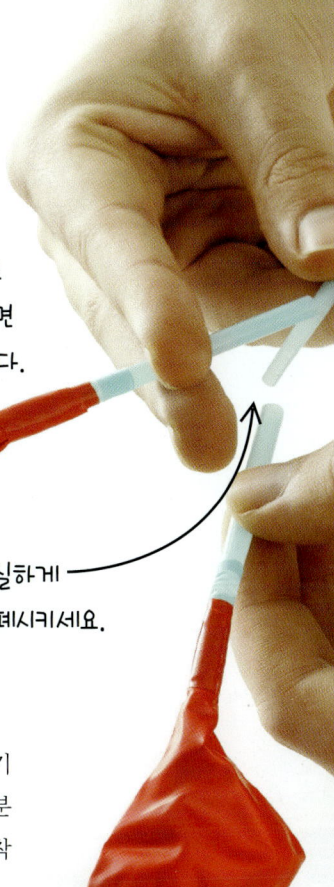

빨대의 끝부분은 목구멍 뒤쪽의 공기 통로를 나타내게 됩니다.

5 '기도'를 나타내는 빨대를 만들 차례입니다. 세 번째 빨대 한쪽 끝의 가운데 부분을 약 2cm 정도 자르세요. 빨대의 다른 쪽도 같은 방법으로 끝을 2cm 정도 자르세요. 그다음 빨대를 직각으로 구부려 가운데 부분을 다시 한 번 2cm 정도 자르세요. 이렇게 되면 이 부분이 네 갈래로 갈라지게 됩니다.

실제 폐와 마찬가지로 풍선에 공기가 채워지면 풍선은 팽창하게 됩니다.

확실하게 밀폐시키세요.

6 기관지를 나타낼 두 개의 빨대를 기도로 쓰이게 될 빨대의 두 갈래 부분에 끼워 넣으세요. 그다음 이 부분을 접착테이프로 둘러싸서 밀폐시키세요.

사람은 일 년 동안 7백만 번의 숨을 들이마시고 내쉰답니다.

호흡 모형 장치

병뚜껑에 구멍을 뚫을 때 가위를 꽉 잡도록 하세요.

빨대를 구멍에 끼웠다면 병뚜껑을 병 입구에 끼우세요.

7 보관해 둔 병뚜껑을 가져와서 빨대가 들어갈 수 있는 크기로 병뚜껑 가운데에 구멍을 뚫으세요. 가위에 손이 베이지 않도록 주의하세요. 그리고 가위의 날이 실수로 테이블을 찌르지 않도록 주의하세요. 만일의 사고를 예방하려면 점토 접착제 한 덩어리를 테이블 위에 놓고 구멍을 뚫으세요.

8 끝을 네 갈래로 잘라 놓은 기도로 사용될 빨대를 가져와서 병뚜껑의 구멍에 끼워 넣으세요. 그다음 네 갈래로 갈라진 부분을 펼쳐서 병뚜껑의 윗면에 닿도록 접으세요.

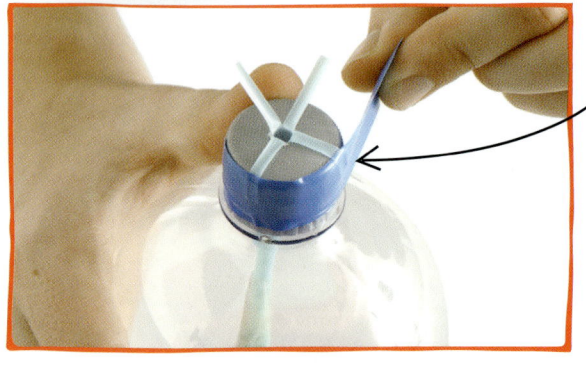

병뚜껑 둘레를 접착테이프로 감쌀 때는 테이프를 쫙 펴서 감싸도록 하세요.

9 빨대가 구멍에 꽉 맞게 끼워졌는지 확인하세요. 그다음 공기가 병뚜껑의 미세한 틈으로 새어 나가지 않도록 접착테이프로 병뚜껑 둘레를 단단히 감싸세요.

10 파란색 풍선을 가져와서 풍선 입구의 기다란 부분에서 아래쪽을 자르세요. 이 부분은 횡격막이라는 넓적한 근육을 표현하는 데 사용됩니다(풍선을 자르기 전에 한 번 불어 놓으면 11단계에서 잘라진 풍선을 쉽게 끼울 수 있습니다).

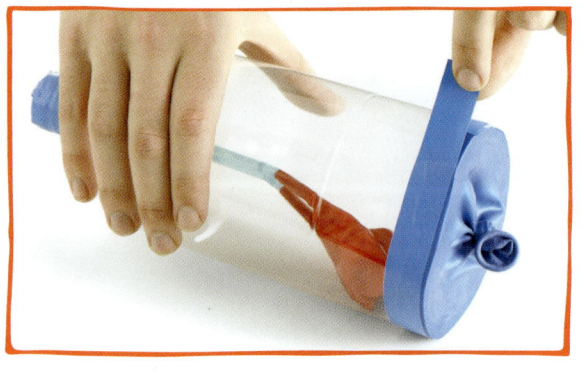

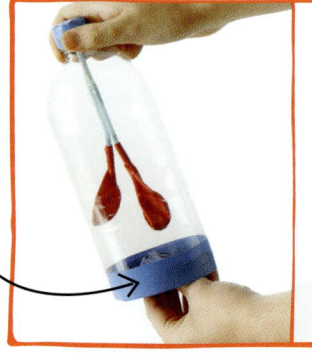 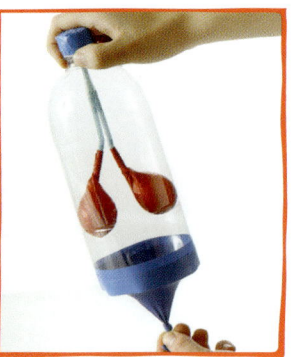

파란 풍선을 확실하게 밀어 올려야 빨간 풍선 안에 있는 공기가 전부 밖으로 빠져나갈 수 있습니다.

11 잘라 낸 풍선 입구 부분의 끝을 묶으세요. 풍선을 펴서 플라스틱 병 아랫부분의 둘레를 덮은 다음 접착테이프로 감싸서 완전히 밀폐되게 만드세요.

12 이제 호흡 모형 장치가 거의 다 만들어졌습니다. 모형이 숨을 들이마시게 하려면 파란 풍선을 아래로 잡아당기고, 숨을 내쉬게 하려면 풍선을 위로 밀어주세요. 이때 폐를 나타내는 빨간 풍선이 부풀었다가 오므라드는 것을 지켜보세요.

호흡 모형 장치 만들기

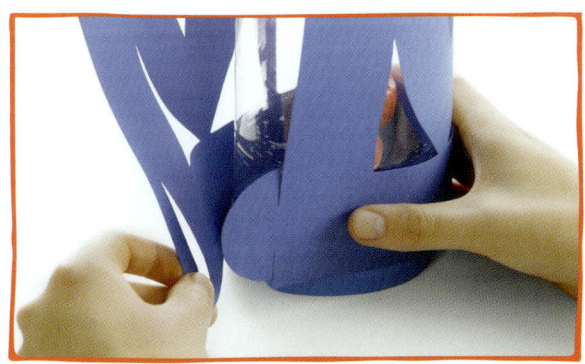

13 그림처럼 두꺼운 색종이에 사람 모양을 그린 다음 자르세요. 화가처럼 잘 그릴 필요는 없습니다. 중요한 것은 사람 모양의 가운데에 큰 구멍을 만드는 것입니다. 그다음 종이의 왼쪽 아랫부분에 꼭지를 만들고 오른쪽 아랫부분에는 꼭지를 끼워 넣을 수 있는 좁은 홈을 만들어 주세요.

14 사람 모양의 종이로 플라스틱 병을 감싸고 아래쪽에 만들어 둔 꼭지를 홈에 끼우세요. 꼭지가 홈에서 빠지지 않도록 접착테이프로 고정시키세요. 호흡 모형 장치가 종이의 가운데 구멍 부분을 통해 보이도록 위치를 조정해야겠죠?

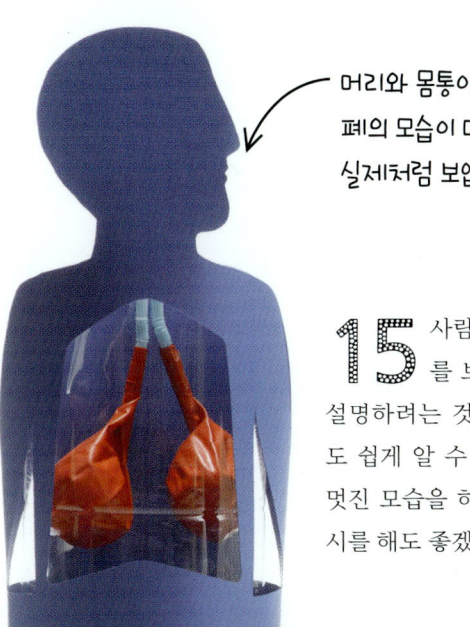

머리와 몸통이 있으니까 폐의 모습이 더 실제처럼 보입니다.

15 사람 모양의 종이를 보고 이 모형이 설명하려는 것을 다른 사람도 쉽게 알 수 있겠죠? 제법 멋진 모습을 하고 있으니 전시를 해도 좋겠네요.

원리 파헤치기

호흡이 일어나는 과정은 압력으로 설명할 수 있습니다. 병 아래쪽에 있는 풍선을 잡아당기면 병 안에 있는 공기의 부피가 커지기 때문에 병 안의 압력은 작아집니다. 이 때문에 병 바깥쪽에 있는 공기가 빨대를 통해 두 개의 빨간 풍선 안으로 들어와서 풍선이 부풀게 됩니다. 잡아당겼던 풍선을 위쪽으로 밀어 올리면 병 안에 있는 공기의 부피가 작아지면서 압력은 커지게 되고 풍선 안에 있던 공기가 다시 바깥으로 빠져나게 됩니다.

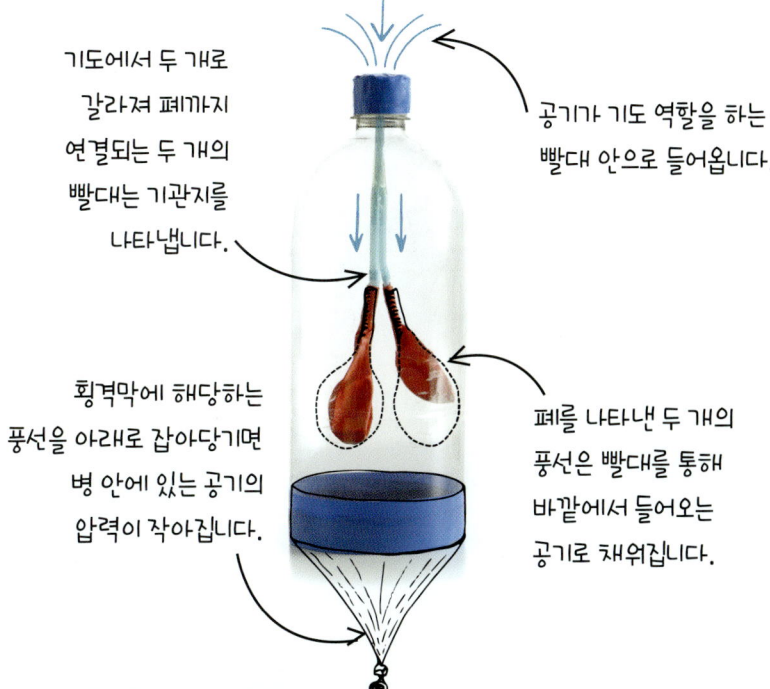

기도에서 두 개로 갈라져 폐까지 연결되는 두 개의 빨대는 기관지를 나타냅니다.

공기가 기도 역할을 하는 빨대 안으로 들어옵니다.

횡격막에 해당하는 풍선을 아래로 잡아당기면 병 안에 있는 공기의 압력이 작아집니다.

폐를 나타낸 두 개의 풍선은 빨대를 통해 바깥에서 들어오는 공기로 채워집니다.

우리 주변의 과학
가슴 쪽 비어 있는 부분

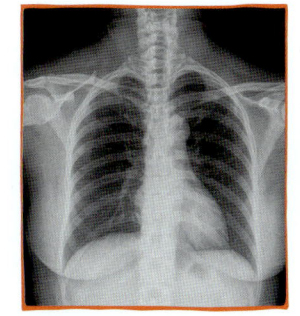

엑스레이 사진을 보면 척추 양쪽에 검은색으로 보이는 폐의 모습을 볼 수 있습니다. 그리고 갈비뼈(하얀색 부분)가 폐를 둘러싸서 보호하고 있습니다. 아래쪽에 커다란 회색 부분은 횡격막입니다.

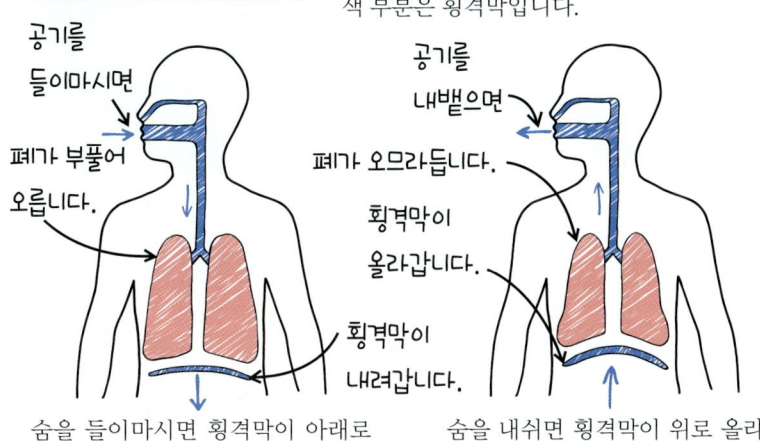

숨을 들이마시면 횡격막이 아래로 내려가면서 폐가 부풀어 오릅니다.

숨을 내쉬면 횡격막이 위로 올라가면서 폐가 오므라듭니다.

과학으로 뒤덮인 물의 세계

부엌이나 욕실에서 수도꼭지를 틀어 보세요. 우주에서 가장 중요한 물질 중 하나인 물이 끊임없이 흘러나올 것입니다. 이번 장에서 고체, 액체, 기체 상태로 존재할 수 있는 물의 또 다른 특성에 대해 알게 될 것입니다. 이번 실험을 통해 물 내부에서 작용하는 힘과 그것이 다른 물체와 어떻게 상호작용하는지도 알게 될 것입니다. 물은 과학으로 뒤덮여 있습니다. 그럼 그 안으로 뛰어들어 볼까요?

밀도 탑

유리컵 안에 서로 다른 색을 띠는 액체들이 층층이 쌓여 있는 신기한 탑을 만들어 보세요. 마술이나 속임수처럼 보이지만 사실은 물과 기름이 서로 섞이지 않는 것처럼 액체들이 서로 다른 밀도를 갖기 때문에 생기는 현상입니다. 이번 실험에서 가장 밀도가 높은 액체는 탑의 맨 아래에 있게 되고 가장 밀도가 낮은 액체는 탑의 맨 위에 있게 됩니다. 실험에 쓰일 재료들은 부엌에서 쉽게 구할 수 있는 것들입니다. 그러면 이제 탑을 쌓아 볼까요!

기름은 탑을 만드는 데 사용되는 액체들 중 가장 밀도가 낮기 때문에 탑의 맨 위에 있게 됩니다.

탁구공은 안이 공기로 채워졌기 때문에 밀도가 낮습니다. 공을 위에서 떨어뜨려 보세요. 그리고 무슨 일이 벌어지는지 지켜보세요.

비누 동력 보트

비눗물로 된 넓은 바다로 항해할 준비를 하세요! 작은 보트를 만들어서 주방 세제를 몇 방울 떨어뜨린 물 위에 띄우고 수면을 가로질러 쌩쌩 달리도록 해 보세요. 비누는 실제로 보트에 동력을 공급하지 않습니다. 그러나 물에 숨겨져 있는 에너지를 이끌어 냅니다. 그럼 닻을 올리고 출발해 볼까요!

보트 뒤쪽의 홈이 파인 부분에 떨어뜨린 주방 세제는 마치 보트에 동력을 공급하는 '연료'와 같은 역할을 합니다.

물레방아 만들기   103

필요할 경우 날개의 모양과 위치를 조정하세요.

물을 빠르게 혹은 느리게 떨어뜨리면 어떤 일이 벌어질까요?

14 빨대가 없는 한쪽 끝에 줄을 매달고 절연테이프로 고정시키세요. 줄의 반대쪽 끝부분을 한 덩어리의 점토 접착제로 감싼 후 단단한 덩어리로 뭉쳐 주세요. 이 점토 접착제 덩어리가 추의 역할을 합니다.

15 이제 재미있는 부분만 남았네요. 물레방아를 야외나 욕조 안으로 가져가세요. 물이 채워진 주전자를 이용하여 물레방아 날개에 물을 흘려줍니다. 그러면 물레방아는 회전하게 되고 점토 접착제 덩어리는 위로 올라갑니다.

원리 파헤치기

물을 부어 주면 물레방아의 날개에 힘이 작용하여 움직이기 시작합니다. 날개 부분의 회전축이 나무 꼬치에 힘을 작용하면 나무 꼬치가 회전합니다. 나무 꼬치가 회전하면서 끝에 붙어 있는 줄을 잡아당기기 때문에 점토 접착제로 만든 추가 위로 올라가게 됩니다.

회전하는 날개가 나무 꼬치를 회전시킵니다.

흐르는 물은 운동에너지를 갖고 있습니다.

물이 작용하는 힘에 의해 날개가 회전합니다.

추가 위로 올라가게 되면 퍼텐셜에너지가 커집니다.

우리 주변의 과학
수력발전

흐르는 물은 전기를 발생시킬 수 있습니다. 수력발전소에서는 거대한 압력과 큰 퍼텐셜에너지를 얻기 위해 강물을 댐 안에 가둡니다. 강물은 압력에 의해 파이프를 따라 이동하면서 터빈이라고 불리는 특별히 제작된 물레방아를 회전시킵니다. 터빈이 회전하면서 전기가 만들어지고, 이 전기는 각 가정과 회사에 공급됩니다. 그림에 보이는 것은 수평으로 회전하는 터빈의 회전축입니다. 각 터빈 위쪽 둥근 모양의 파란색 부분 안에는 발전기가 들어 있습니다.

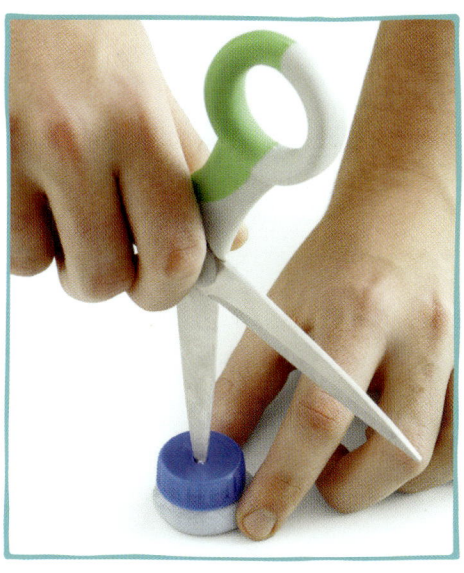

8 물레방아의 날개 부분은 지지대 안쪽 공간에 잘 맞으면서도 잘 회전할 수 있어야 합니다. 그러기 위해서는 물레방아의 날개 부분을 지지대에 가져가서 날개가 지지대 안쪽에 꼭 맞을 수 있도록 날개 끝 부분을 잘라야 합니다.

9 병뚜껑을 분리해서 가운데에 구멍을 뚫으세요. 구멍을 뚫으려면 가위를 강한 힘으로 눌러야 하므로 병뚜껑을 점토 접착제 위에 올려놓은 후 시작하세요. 구멍을 뚫을 때 손가락이 다치지 않도록 주의하세요! 구멍을 뚫었으면 병뚜껑을 다시 물레방아 날개 부분에 끼워 넣으세요.

10 약 5cm 정도의 길이로 빨대를 자르세요. 자른 빨대의 한쪽 끝을 네 갈래로 조심스럽게 자른 뒤 빨대와 직각이 되도록 접으세요.

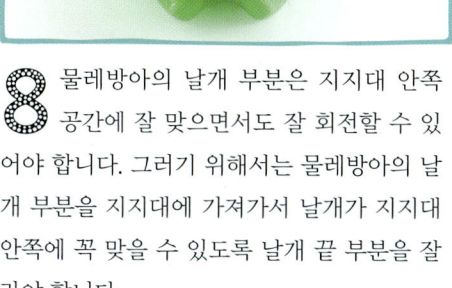

나무 꼬치를 병뚜껑에 끼워 넣은 뒤 나무 꼬치의 날카로운 끝부분은 잘라 내세요.

절연테이프를 감아서 빨대와 나무 꼬치가 단단하게 고정되게 하세요.

물레방아가 잘 돌아가는지 확인하세요.

11 나무 꼬치를 빨대 안으로 끼워 넣고 나무 꼬치 끝에서 약 3cm 정도 부분에서 절연테이프를 감아 빨대와 나무 꼬치를 고정시키세요. 그다음 나무 꼬치를 병뚜껑의 구멍에 끼워 넣으세요.

12 점토 접착제를 병뚜껑 안쪽에 붙여서 빨대의 네 갈래 부분과 병뚜껑을 고정시키세요. 그럼 이제 나무 꼬치를 손가락으로 회전시켜 보세요. 이때 물레방아도 함께 회전해야 합니다.

13 나무 꼬치의 한쪽 끝을 물레방아의 지지대 위쪽에 있는 구멍에 끼우고 다른 끝을 지지대 반대쪽에 파 놓은 V자 홈에 올려놓으세요. 병뚜껑이 지지대의 한쪽 면에 닿지 않도록 하세요.

물레방아 만들기   101

3 가위 끝부분을 이용해서 한쪽 지지대의 윗부분에 구멍을 뚫으세요. 그다음 구멍과 같은 높이로 반대쪽 지지대의 윗부분에 V자 모양의 홈을 만드세요. 위험할 수 있으니 어른의 도움을 받으세요.

4 단계 1에서 보관해 두었던 플라스틱 병의 윗부분을 가져와서 크기가 같은 여섯 조각의 날개로 자르세요. 날개를 자를 때 플라스틱 병의 입구 부분까지 자르세요.

5 날개 여섯 개를 각각 뒤로 접어서 주름을 만드세요. 모든 날개를 편평하게 만들고, 필요하다면 접힌 부분을 조금 더 잘라도 됩니다.

날개가 찢어질 수 있으니 너무 길게 자르지 마세요.

각 날개의 접힌 부분이 직각(90°)이 되는 것이 좋습니다.

6 플라스틱 병과 연결된 부분을 절반 정도 자르고 길쭉한 방향으로 각각의 날개를 접어서 주름을 만드세요.

여섯 개의 날개는 거의 동일한 모습이어야 합니다.

7 벌어져 있는 날개들을 꽃봉오리 모양처럼 바깥쪽으로 구부려 주세요. 물레방아를 작동시킬 때 이 부분은 떨어지는 물을 받는 면이 됩니다.

물레방아 만들기

물레방아를 만들려면 우선 플라스틱 병을 잘라야 합니다. 조금은 까다로운 작업이기 때문에 어른에게 도움을 요청하세요. 물레방아의 회전축을 만들 때 사용할 나무 꼬치를 다룰 때도 주의하세요. 물레방아 회전축을 만들기 전에 나무 꼬치의 뾰족한 부분을 미리 잘라 내세요. 물레방아를 작동시킬 때 물이 튈 수 있으니 물레방아를 야외나 욕조로 가져가세요.

시간: 1시간   **난이도**: 어려움

준비물

플라스틱 병, 절연테이프, 점토 접착제, 비닐 끈, 주전자 혹은 계량컵, 가위, 빨대, 나무 꼬치

플라스틱 병을 자르는 것이 어려우면 어른에게 도움을 요청하세요!

1 플라스틱 병의 위쪽 2/3 지점을 잘라서 두 개로 만드세요. 잘라낸 윗부분은 나중에 물레방아 날개로 사용하게 됩니다. 한쪽에 잘 보관하세요.

지지대를 견고하게 만들기 위해 플라스틱 병의 옆면을 충분히 남겨 놓으세요.

2 그림과 같이 플라스틱 병 옆면을 U자 모양으로 잘라 내세요. 지금 만든 부분이 물레방아를 지탱해 주는 지지대랍니다.

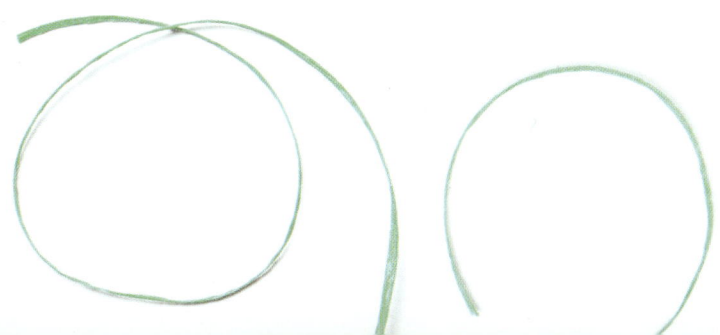

에너지를 체험해 보세요.

물레방아는 "에너지 변환 장치"입니다. 움직이는 물체와 같이 흐르는 물도 운동에너지라고 부르는 에너지를 가지고 있습니다. 흐르는 물이 가지고 있던 운동에너지의 일부를 전달받아 물레방아가 회전하게 됩니다. 물레방아의 회전축에 감겨 있는 줄이 추를 들어 올립니다. 추가 위로 올라가게 되면, 추는 퍼텐셜에너지(위치에너지라고도 하며 나중에 다시 떨어질 수 있도록 저장되는 에너지)를 갖게 됩니다.

추가 위로 올라갈 때 줄이 나무 꼬치에 감기게 됩니다.

물레방아

질문: 주전자로 물을 붓거나 바람개비 날개를 회전시키는 것으로 어떻게 무거운 추를 들어 올릴 수 있을까요?

답: 정답은 바로 물레방아입니다. 수백 년 전부터 물레방아를 통해 흐르는 물에서 곡식을 빻거나 무거운 물체를 들어 올리는 데 필요한 에너지를 얻을 수 있었습니다. 플라스틱 병, 빨대, 나무 꼬치를 사용해서 나만의 물레방아를 만들어 보세요. 단, 물방울이 여기저기 튈 수 있습니다!

물레방아를 이용해서 점토 접착제로 만든 추를 들어 올립니다.

밀도 탑 만들기　97

3 2단계와 같은 방법으로 큰 스포이트를 이용해 주방 세제를 천천히 유리컵의 옆면을 따라 흘려주세요. 주방 세제에는 크기가 큰 세정제 분자들이 물에 녹아 있습니다.

4 이제 물을 이용해 네 번째 층을 만들 차례입니다. 식용색소 몇 방울을 떨어뜨려서 물에 색깔을 입힐 수도 있겠죠? 물을 흘려줄 때 천천히 하는 것을 잊지 마세요! 물 분자는 크기가 매우 작고 조밀하게 모여 있으니까요.

5 마지막으로 식물성기름을 넣어주세요. 재미있는 점은 식물성기름을 마지막이 아닌 처음에 넣더라도 역시 가장 맨 위로 올라온다는 것입니다. 그 이유는 식물성기름이 가장 밀도가 낮기 때문입니다. 하지만 순서를 지키지 않으면 여러분이 만든 예쁜 층들은 서로 뒤섞이면서 결국은 밀도 탑을 망치게 되겠죠?

6 그럼 이제 나사못, 방울토마토, 탁구공 같은 작은 물체를 밀도 탑에 떨어뜨려 볼까요? 나사못은 꿀보다 밀도가 크기 때문에 아래쪽으로 가라앉게 됩니다. 방울토마토는 우유를 만날 때까지 가라앉다가 우유를 만나면 바로 그 위에서 멈춥니다. 그렇다면 탁구공은 어떻게 될까요?

원리 파헤치기

물 분자들은 서로 가까이 모여 있지만 각 분자들의 질량이 작기 때문에 밀도는 낮은 편입니다. 어떤 물질이 물에 녹을 때 그 물질의 분자들이 물 분자 사이로 끼어들어 가기 때문에 밀도가 증가하게 됩니다. 기름 분자는 크기가 크고 서로 조밀하게 모여 있지 않기 때문에 밀도는 낮습니다.

기름 분자들은 각각의 사이사이 공간이 넓습니다.

물 분자들은 서로 조밀하게 모여 있습니다.

세정제 분자들은 물 분자와 섞여 있습니다.

우유는 물, 당분, 단백질, 소량의 지방으로 이루어져 있습니다.

꿀은 당분이 물에 녹아 있는 것입니다.

우리 주변의 과학
기름 유출

가끔 사고로 인해 유조선에서 기름이 유출됩니다. 기름 유출은 해양 생물에게 상당히 안 좋은 영향을 미칠뿐더러 깨끗이 정화하는 일도 어렵습니다. 그나마 다행스러운 점은 기름이 물에 뜬다는 사실입니다. 이로 인해 유출된 기름을 제거할 수 있게 됩니다. 기름을 물에서 떠낼 수도 있고 아니면 세제로 기름을 잘게 쪼개 버릴 수도 있습니다.

밀도 탑 만들기

이 탑을 만들 때 층이 깔끔하게 나눠지려면 아주 세심한 손길이 필요합니다. 재료로 사용되는 액체들은 대부분 수성입니다. 수성이란 물을 주성분으로 하여 그 안에 다른 물질이 녹아 있다는 뜻입니다. 이어지는 설명에서 큰 스포이트를 이용해 층을 만드는 방법을 알 수 있습니다. 그러나 숟가락 뒷면에 액체를 흘리는 방법이 가장 좋습니다. 액체를 하나씩 흘려서 층을 만들고 그다음 층을 만들기 전에 반드시 스포이트나 숟가락을 깨끗이 씻도록 하세요. 탑을 완성한 다음에는 휘젓지 않도록 하세요. 액체들이 섞일 수 있기 때문입니다.

시간: 15분

난이도: 보통

준비물

- 식용색소를 첨가한 물
- 식물성 기름
- 우유
- 주방 세제
- 묽은 꿀
- 긴 유리컵
- 탁구공
- 방울토마토
- 나사못
- 큰 스포이트

1 탑에 만들 첫 번째 층은 꿀입니다. 꿀은 가장 밀도가 높은 액체입니다. 약 2cm 높이로 유리컵에 꿀을 조심스럽게 부으세요. 꿀에는 물과 많은 물질들이 섞여 있는데, 물에 녹아 있는 물질은 대부분 당분입니다.

2 다음에는 우유를 넣을 차례입니다. 큰 스포이트로 우유를 빨아들인 다음 유리컵의 옆면을 따라 조심스럽게 우유를 흘려주세요. 꿀 위에 놓인 우유가 안정된 층을 이루게 됩니다. 우유에는 물과 단백질, 당분 그리고 약간의 지방 성분이 섞여 있습니다.

밀도 탑을 멋진 모양으로 만들려면 각각의 액체들을 천천히 조심스럽게 유리컵에 흘려 넣어 주세요.

가라앉을까요, 떠 있을까요?

물질의 밀도는 질량과 부피와 관련이 있습니다. 질량은 얼마나 많은 물질이 있는지 나타내고, 부피는 얼마나 많은 공간을 차지하는지 나타냅니다. 탑을 만들고 난 후 액체의 밀도가 얼마인지 알아낼 수 있는 또 다른 실험을 해 보세요. 그림처럼 작은 물체를 탑 안으로 떨어뜨린 후 물체가 가라앉을지 떠 있을지 확인해 보세요. 액체는 자신보다 밀도가 낮은 물체를 떠받칠 수 있습니다.

방울토마토를 떨어뜨리면 기름, 물, 주방 세제를 통과하며 밑으로 가라앉을 것입니다. 그러나 우유 위에서는 떠 있게 됩니다.

여러분의 취향대로 깃발을 장식하세요.

함대 설계자

친구들과 함께 함대를 만들어서 경주해 보세요. 매번 같은 디자인으로 만들 필요는 없습니다. 앞서 했던 실험들을 떠올려 보며 새로운 도전을 해 보세요. 보트의 모양을 다르게 만들고 어떤 것이 더 빠른지 확인해 보세요.

물에서 작용하는 보이지 않는 힘에 의해 여러분이 만든 보트가 움직입니다.

비누 동력 보트 만들기

이 보트는 물에서 작용하는 아주 작은 힘만으로도 재빠르게 움직일 만큼 가볍게 만들어야 합니다. 여러분이 사용할 재료는 매우 가볍고 직각 모양으로 자르기 쉽습니다. 재료를 자르는 것이 어렵게 느껴진다면 어른에게 도움을 요청하세요. 이 실험에서 만들 보트는 매우 단순한 디자인을 하고 있습니다. 이 때문에 보트는 물 위에서 빠른 속도로 직진할 수 있답니다. 여러분이 좋아하는 색으로 보트를 칠해 보세요.

시간: 10분 **난이도**: 쉬움

준비물

색종이, 색칠용 붓, 이쑤시개 2개, 물감, 가위, 주방 세제, 흰색 종이

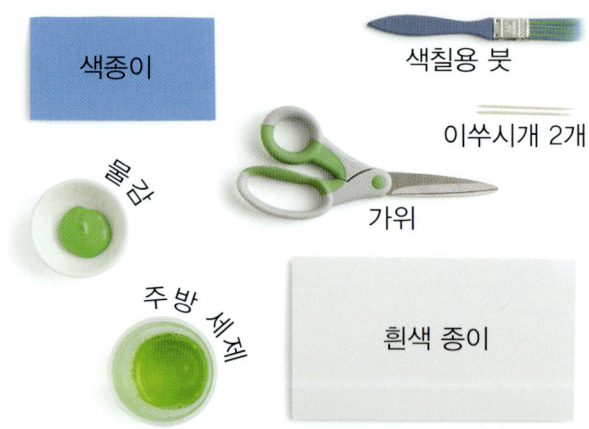

물을 담을 수 있는 쟁반

1 보트의 몸체를 만들어 보겠습니다. 가위로 흰 종이를 오려서 한 변의 길이가 4cm인 정사각형을 만드세요. 뱃머리를 만들기 위해 정사각형의 모서리 두 군데를 그림과 같이 자르세요.

2 보트의 뒤쪽에 한 변의 길이가 0.5cm인 정사각형 모양의 홈을 만드세요. 여러분이 원하는 모양과 크기로 보트의 뒷부분을 만들어도 됩니다.

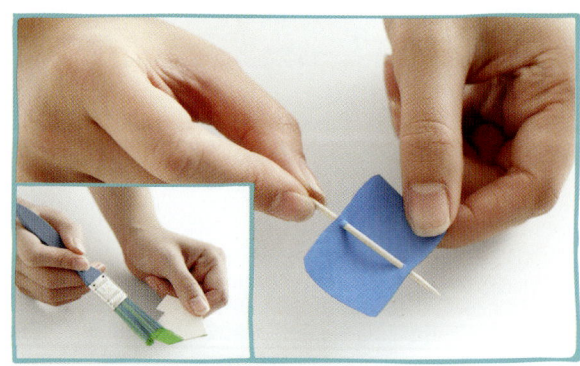

3 돛을 만들기 위해 직사각형 모양으로 자른 색종이의 위아래에 이쑤시개를 끼워 넣으세요. 돛이 보트를 움직이게 하지는 않지만 모양을 더 멋지게 만들어 줍니다. 여러분이 좋아하는 색깔로 보트의 몸체를 칠하세요.

원리 파헤치기

비누 동력 보트 실험은 표면장력을 이용한 것입니다. 물 분자들은 서로 꼭 붙잡고 있기 때문에 각각 서로의 방향으로 끌어당깁니다. 그래서 물의 표면은 풍선의 표면처럼 팽팽합니다. 그러나 주방 세제를 물에 떨어뜨려 주면 보트의 뒤쪽에 있는 물 분자 사이의 결합이 약해져서 표면장력이 감소합니다. 결과적으로 다른 쪽에 있는 물의 표면에서 잡아당기는 힘이 더 커지기 때문에 보트를 끌고 가게 됩니다.

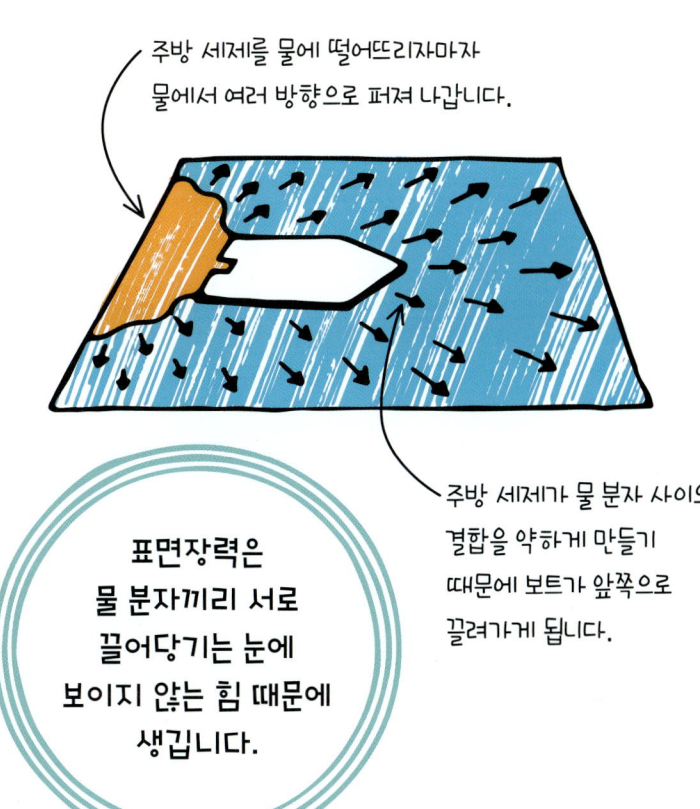

주방 세제를 물에 떨어뜨리자마자 물에서 여러 방향으로 퍼져 나갑니다.

주방 세제가 물 분자 사이의 결합을 약하게 만들기 때문에 보트가 앞쪽으로 끌려가게 됩니다.

> 표면장력은 물 분자끼리 서로 끌어당기는 눈에 보이지 않는 힘 때문에 생깁니다.

4 물감이 다 말랐으면 이쑤시개로 만든 돛을 보트에 고정시키세요. 이제 항해할 준비가 다 되었습니다!

5 물을 채운 쟁반에 보트를 띄우세요. 쟁반의 모서리 쪽에 보트를 올려놓고 뱃머리가 쟁반의 중심을 향하게 하세요. 이쑤시개로 주방 세제를 살짝 묻힌 다음 배의 뒤쪽에 파여진 홈 부분의 물에 살짝 찍으세요.

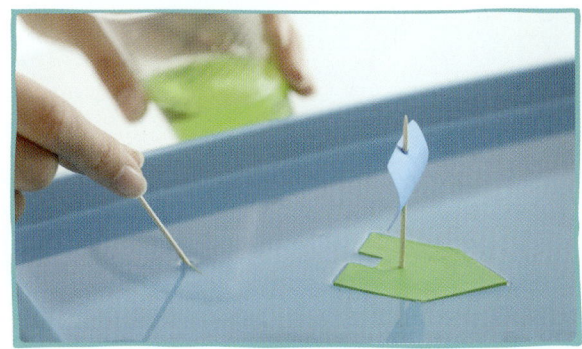

6 보트가 움직이는 것이 보이시나요! 계속해서 이쑤시개로 주방 세제를 묻혀서 배의 뒤쪽 홈에 있는 물에 살짝 찍으세요. 이쑤시개로 계속 주방 세제를 물에 묻히다 보면 물에 주방 세제가 너무 많이 녹아서 더 이상 보트가 움직이지 않게 됩니다. 이럴 경우 쟁반 안에 있는 물을 깨끗한 물로 바꿔 주세요.

우리 주변의 과학
비눗방울

왜 물만 사용해서는 비눗방울을 만들 수 없는지 궁금하지 않나요? 그 이유는 물의 표면장력이 매우 커서 다른 모양으로 펼쳐질 수 없기 때문입니다. 물에 주방 세제를 섞으면 표면장력이 감소해서 비눗방울 안에 공기를 불어넣어도 터지지 않습니다.

간이 정수기

우리는 언제든지 수도꼭지를 틀거나 생수를 구입하여 깨끗한 물을 얻을 수 있습니다. 그런데 전 세계의 수많은 사람들은 여전히 강, 호수, 우물에서 마실 물을 얻고 있지요. 여러분이 그런 상황에 놓인다고 상상해 보세요. 그렇다면 목을 축이기 전에 물에 섞인 진흙이나 지저분한 물질을 제거할 방법을 먼저 찾아야 합니다. 이번 실험을 통해 플라스틱 병을 이용하여 간단한 정수 장치를 만들 수 있습니다. 눈앞에서 더러운 물이 깨끗한 물로 변하는 것을 지켜보세요!

오염된 물

자연에서 직접 얻은 물을 그냥 마실 경우 불순물 때문에 우리 몸이 아플 수 있습니다. 물에 떠 있는 나뭇잎이나 나뭇가지, 죽은 벌레는 쉽게 제거할 수 있습니다. 그렇지만 우리 눈에 보이지 않는 박테리아나 바이러스 같은 작은 입자 수백만 개가 섞여 있다면 어떻게 제거해야 할까요? 이번 실험은 바로 그것들을 걸러 낼 미세한 거름 장치를 만드는 것입니다.

물을 깨끗하게 하기 위해 숯을 넣으세요.

깨끗한 자갈들은 오염된 물에 있는 작은 입자들을 걸러 줍니다.

오염된 물은 여러 가지 재료로 이루어진 겹겹의 층을 통과하면서 정화됩니다.

실험을 통해 물이 깨끗해지긴 했지만 아직 마실 만큼 충분히 깨끗하지는 않습니다.

간이 정수기 만들기

정수기를 만드는 것이 이번 실험의 첫 단계입니다. 그다음 단계는 정수기의 성능을 시험하기 위해 필요한 오염된 물을 직접 만드는 것입니다. 재료를 찾는 건 어렵지 않지만 몇 가지 재료를 구할 때는 어른의 도움이 필요할 수도 있습니다. 완성된 정수기는 꽤 잘 작동하지만 정수된 물은 우리가 마실 만큼 충분히 안전하지 않습니다. 나중에 그 물은 버리는 게 좋겠지요?

시간: 25분   난이도: 보통

준비물

숯 조각, 숟가락, 가위, 탈지면 뭉치, 모래, 작고 깨끗한 조약돌, 나뭇잎과 잔디, 작은 자갈, 흙, 중간 크기의 자갈, 계량컵, 플라스틱 병

1 먼저 가위를 이용해 플라스틱 병목에서 1/3 지점을 수직 방향으로 자르세요. 가위질이 서툴면 어른에게 도움을 요청하세요. 잘라낸 병의 위쪽 부분은 정수기로 사용됩니다. 아래쪽 부분은 정수된 물을 보관하는 동시에 정수기를 고정하는 역할을 합니다.

2 병뚜껑을 제거하고 병목 안쪽에 탈지면 뭉치를 빽빽하게 채워 넣으세요. 이 부분은 물에 섞여 있는 아주 작은 조각들을 걸러 줄 것입니다.

간이 정수기 만들기 111

3 플라스틱 병의 잘라낸 위쪽 부분을 뒤집어서 아래쪽 부분에 끼워 넣으세요. 탈지면으로 만든 층 위에 숯 조각을 약 1cm 높이로 넣어 층을 만드세요. 만약 숯 조각이 크다면 넣기 전에 먼저 작은 조각으로 부서뜨리세요.

4 모래를 넣어 약 2cm 높이의 층을 만드세요. 손가락 끝으로 모래를 눌러서 모래와 그 밑에 있는 숯이 단단해지도록 해 주세요. 이렇게 만든 조밀한 층은 물이 통과하는 속도를 느리게 만들면서 물 안에 있는 더러운 것들을 걸러 줍니다.

5 다음으로 작은 자갈을 넣어서 1cm 높이의 층을 만드세요. 그 위에는 중간 크기의 자갈을 넣어 2cm 높이의 층을 만드세요. 모래와 숯을 눌렀던 것처럼 2개의 층을 이룬 작은 자갈과 중간 크기의 자갈들도 단단히 눌러 줘야 합니다.

정수기의 층이 늘어날수록 정수기를 통과한 물은 점점 깨끗해집니다.

6 마지막으로 작은 조약돌을 넣어서 자갈 위를 확실하게 덮으세요. 필터의 위쪽으로 갈수록 각각의 층을 이루고 있는 입자들 사이의 틈이 어떻게 점점 커지는지 확인해 보세요. 이제 정수기가 작동할 준비가 되었네요. 그렇다면 오염된 물을 만들 차례입니다!

간이 정수기

7 계량컵에 물을 채우고 원하는 만큼 흙을 넣으세요. 그다음 흙이 물에 완전히 섞이도록 숟가락으로 저어 주세요. 흙의 일부는 물에 녹을 것이고 가장 작은 조각들은 물 위에 "부유물"로 떠 있을 것입니다.

흙 입자들에는 박테리아 같은 아주 작은 유기물이 들어 있답니다.

강이나 연못을 자세히 보면 나뭇잎들이 수면에 떠 있는 것을 알 수 있습니다.

야외에서 가져온 나뭇잎과 잔디는 곧 흙탕물과 섞여 지저분해질 것입니다.

8 나뭇잎과 잔디 잎 몇 개를 집어넣으세요. 이제 오염된 물이 완성되었군요! 이 안에는 서로 다른 크기의 다양한 물질들이 뒤섞여 있습니다. 그중에는 우리 몸에 해로운 것들이 들어 있습니다. 또 여러분이 마셨을 경우 몸을 아프게 하는 것들도 있습니다.

9 정수기 맨 위의 조약돌 위로 여러분이 만든 오염된 물을 천천히 부어 주세요. 정수 장치가 넘어지지 않도록 단단히 붙잡으세요. 정수기의 층들을 물이 통과하는 것을 지켜보세요. 그리고 정수기 바닥에 깨끗해진 물이 모인 것도 확인하세요.

원리 파헤치기

물은 조약돌, 자갈, 모래, 숯, 탈지면으로 이루어진 여러 층 사이에서도 지나갈 수 있는 길을 찾아냅니다. 물에 있는 부유물들은 그 길을 지나면서 좁은 틈이나 구멍에서 걸러집니다. 각각의 층에 있는 틈이나 구멍이 점점 작아지면서 하나의 층일 때보다 더 빨리 물속에 있는 입자들을 걸러 낼 수 있습니다. 흡착이라는 과정을 통해 숯은 물속에 녹아 있는 물질들을 제거합니다.

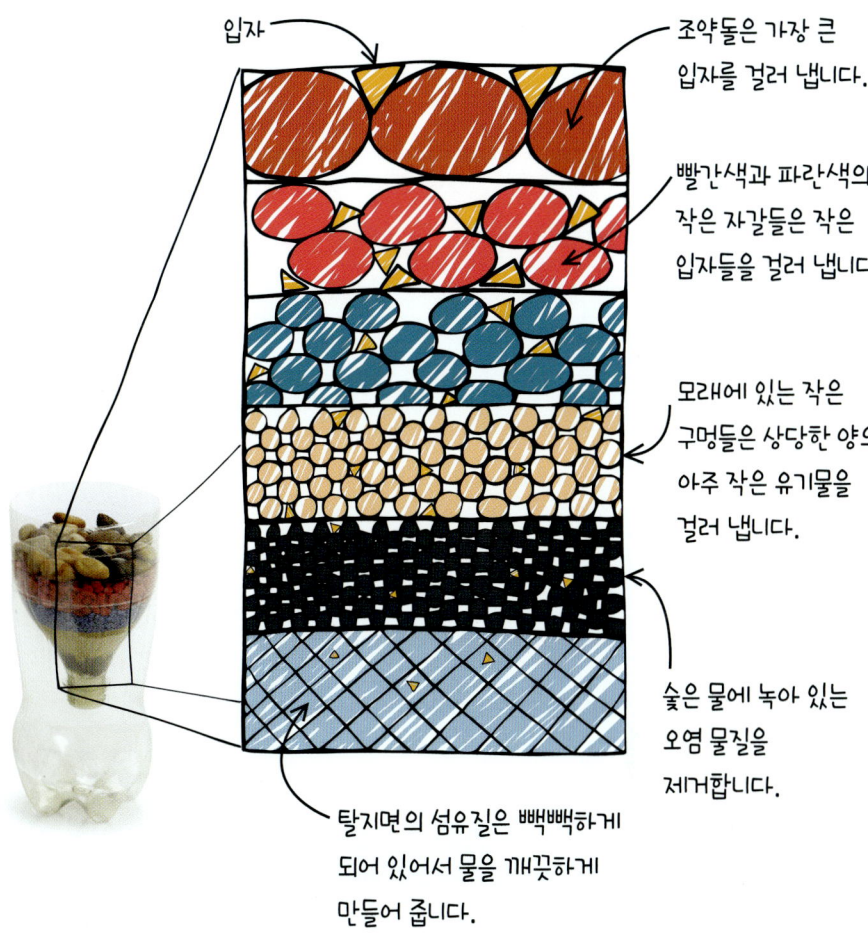

입자

조약돌은 가장 큰 입자를 걸러 냅니다.

빨간색과 파란색의 작은 자갈들은 작은 입자들을 걸러 냅니다.

모래에 있는 작은 구멍들은 상당한 양의 아주 작은 유기물을 걸러 냅니다.

숯은 물에 녹아 있는 오염 물질을 제거합니다.

탈지면의 섬유질은 빽빽하게 되어 있어서 물을 깨끗하게 만들어 줍니다.

> 겉보기에는 정수된 물이 깨끗하게 보이지만 실제로는 마실 수 있을 만큼 안전하지 않다는 사실을 꼭 기억하세요!

우리 주변의 과학

생존 빨대

지진이나 홍수 같은 재난이 발생하면 깨끗한 물을 구하는 것이 불가능합니다. 이럴 때 유용한 생존 빨대는 오염된 물을 마실 수 있는 물로 바꿔 주는 정수 기능을 합니다. 빨대 안에는 아주 얇은 섬유질이 빽빽하게 있어서 병을 유발할 수 있는 미세한 유기물을 잘 걸러 줍니다.

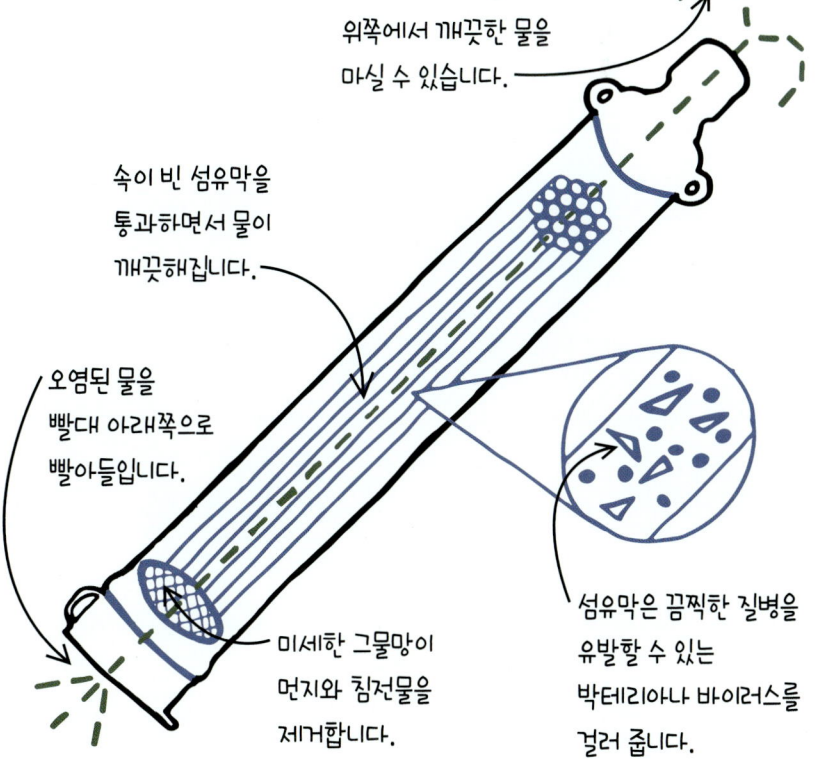

위쪽에서 깨끗한 물을 마실 수 있습니다.

속이 빈 섬유막을 통과하면서 물이 깨끗해집니다.

오염된 물을 빨대 아래쪽으로 빨아들입니다.

미세한 그물망이 먼지와 침전물을 제거합니다.

섬유막은 끔찍한 질병을 유발할 수 있는 박테리아나 바이러스를 걸러 줍니다.

아름다운 종유석

수많은 동굴 속 천장에는 아름답고 빛나는 결정체가 매달려 있습니다. 그것들은 광물질이 녹아 있는, 떨어지는 물방울에 의해 만들어진 종유석입니다. 자연적으로 생겨나며, 위나 아래를 향해 있으며, 때로는 매우 거대하게 만들어지기도 합니다. 이것이 만들어지기까지 수천 년의 시간이 걸리기도 합니다. 이제 여러분은 어둡고 미스터리한 나만의 동굴을 만들고, 하루하루 성장하는 종유석을 직접 관찰할 수 있습니다.

어두운 색의 물감으로 동굴의 어둑어둑한 분위기를 만들 수 있습니다.

동굴의 안쪽에 용액이 줄을 따라 흘러내리도록 만들면, 서서히 종유석이 만들어집니다.

나만의 비밀 동굴

대부분의 실제 종유석은 석회동굴에서 만들어집니다. 큰 강이나 많은 양의 비가 모여서 거대한 크기의 암석을 매우 천천히 녹여서 만들지요. 가장 큰 종유석은 그 길이가 수 미터가 되기도 합니다. 그러나 여러분이 만들 종유석은 종이 상자 안에서 완성될 것입니다. 여러분이 좋아하는 색깔로, 세상에서 가장 작은 종유석을 만들 수 있습니다.

식용색소를 넣어서 원하는 색깔의 종유석을 만들 수 있으며, 반짝거리게 할 수도 있습니다.

아름다운 종유석 만들기

신발 상자는 동굴을 만들기에 좋은 재료입니다. 평소에 버리지 말고 잘 보관해 두세요. 종유석을 만들기 위해서는 하얀색의 광물 가루가 필요합니다. 화학자들이 주로 사용하는 황산마그네슘입니다. 일반적으로 엡솜 염이라고 불립니다. 종유석을 만드는 동안 적어도 일주일을 기다려야 합니다. 참고로 엡솜 염은 절대로 입에 넣거나 맛을 보면 안 됩니다. 만진 후에는 반드시 손을 깨끗이 씻으세요. 이 광물질에는 독성이 없지만, 심한 복통을 일으킬 수 있습니다.

시간: 15분, 일주일의 기다림

난이도: 보통

준비물

- 2개의 유리컵
- 물감
- 가위
- 플라스틱 컵
- 숟가락
- 붓
- 따뜻한 물
- 끈
- 엡솜 염(황산마그네슘이 함유된 소금)
- 식용색소
- 신발 상자

1 박스에 붙어 있는 뚜껑을 잘라 냅니다. 그다음 뚜껑에 위와 같은 구멍을 냅니다. 이것은 동굴의 입구가 됩니다. 이제 뚜껑을 잘 다듬은 다음에 상자 안에 맞추어 집어넣습니다. 동굴의 윗부분으로 사용할 곳을 잘 체크해 둡니다.

2 가위를 이용하여 상자의 윗부분에 좁고 긴 구멍(약 1cm 너비, 15cm 길이)을 냅니다. 상자의 전체 크기에 따라 구멍의 크기는 조절할 수 있습니다. 앞으로 이 열린 구멍을 통해 끈을 매달게 됩니다.

아름다운 종유석 만들기   117

3 상자의 안쪽을 동굴처럼 보이도록 어두운 회색으로 칠합니다. 만약 진짜 동굴처럼 보이게 하고 싶다면, 다른 색깔의 물감을 이용하여 줄무늬를 만들어서 바위 표면의 광물을 표현할 수 있습니다.

4 식용색소를 따뜻한 물에 녹이고, 2개의 유리컵에 나누어 담습니다. 그다음 엡솜 염을 더 이상 녹지 않을 때까지 저어 줍니다.

5 플라스틱 컵의 아랫부분을 잘라 내 얕은 그릇을 만듭니다. 이 부분은 떨어지는 액체의 받침이 됩니다. 다음 단계를 참고하세요.

끈을 매달기 전에 끈 전체가 충분히 젖도록 합니다.

액체가 흘러 떨어지면서, 종유석은 아주 천천히 만들어집니다.

6 40cm 정도로 끈을 자른 후에, 끈의 양쪽 10cm가 각각 유리컵에 잠길 수 있도록 넣어 줍니다. 끈의 중간 부분이 "V"자 형태로 구멍 아래로 늘어지게 합니다.

7 적어도 일주일 이상 가만히 두고 기다립니다. 끈을 따라서 액체가 흘러내리면서 종유석이 만들어질 것입니다.

원리 파헤치기

엡솜 염이 물에 녹을 때 이온이라는 입자로 나뉘어 녹아들어 갑니다. 이것은 눈에 보이지 않게 골고루 물 분자와 섞이며, 수용액을 만듭니다. 끈은 여러 개의 미세한 섬유 구멍을 가지는데, 그것들을 따라서 용액이 흡수됩니다. 액체가 한 방울, 한 방울 떨어질 때마다, 용액 속의 이온들은 서로 결합되어 고체 결정을 만듭니다. 액체가 떨어질수록 고체 결정은 계속 자라납니다.

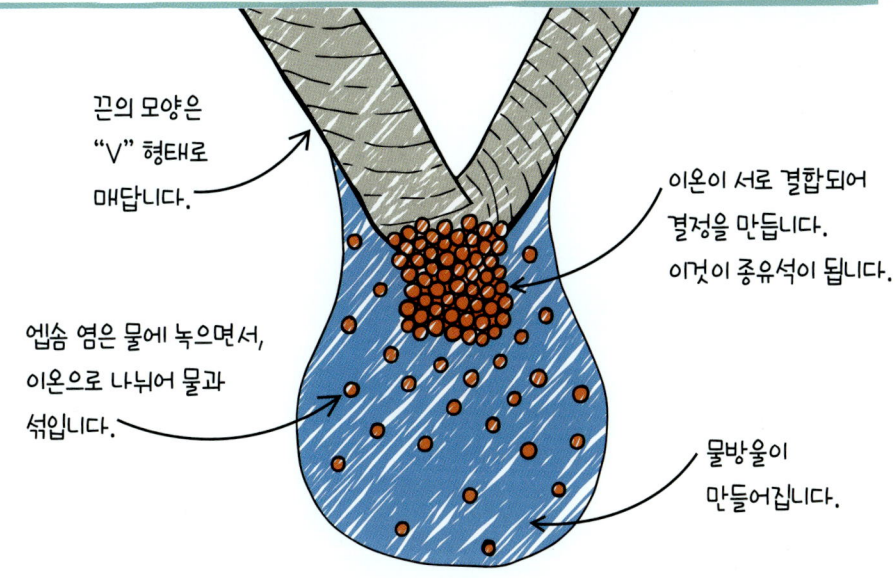

끈의 모양은 "V" 형태로 매답니다.

이온이 서로 결합되어 결정을 만듭니다. 이것이 종유석이 됩니다.

엡솜 염은 물에 녹으면서, 이온으로 나뉘어 물과 섞입니다.

물방울이 만들어집니다.

부글부글 비누 폭탄

거품이 발생하고 향기 나는 폭탄을 만들어 욕실에서 사용해 보세요.
이 실험은 산과 염기 반응(중화반응)을 보여 줍니다.
타르타르 크림(주석산)과 소다(베이킹파우더)가 물에 녹으면,
부드럽고 잔잔한 거품을 만들어 냅니다. 이제 편안하게
욕조에서 쉬어 보세요.

'입욕제'라고도 불리는
비누 폭탄이 물속에서
녹기 시작합니다.

비누 폭탄 안에 있는
식용색소가 욕조 물을
환하게 물들입니다.

거품 목욕

물속에 비누 폭탄을 투하시키자마자 이산화탄소 거품이 발생하면서 화학반응이 일어납니다. 폭탄이 분해되면서 식용색소, 올리브 오일, 아로마 오일 등 다양한 물질이 함께 퍼져 나옵니다.

이산화탄소가 발생하는 화학반응입니다.

부글부글 비누 폭탄 만들기

비누 폭탄을 만들기 위해서는 2가지 화학물질을 섞어야 합니다. 2가지 화학물질은 타르타르 크림(주석산)과 소다(베이킹파우더)입니다. 이것을 물속에 넣으면 즉시 화학반응이 일어납니다. 올리브 오일, 아로마 오일, 향수, 식용색소 등을 조금씩 섞을 수 있습니다. 오일은 우리 피부가 수분을 유지하는 데 도움이 됩니다.

시간: 30분, 이틀간의 건조 시간   **난이도**: 보통

준비물

- 실리콘 틀(재활용 가능)
- 큰 그릇
- 타르타르 크림(주석산, 중타르타르산칼륨) 150g
- 아로마 에센셜 오일
- 소다(베이킹파우더, 탄산수소나트륨) 300g
- 물이 든 스프레이
- 올리브 오일 2 찻숟가락
- 찻숟가락
- 숟가락
- 식용색소

1. 올리브 오일 2 찻숟가락을 큰 그릇에 넣습니다. 올리브 오일은 재료들을 결합시키고, 피부를 촉촉하게 하는 데 도움을 줍니다. 소다, 타르타르 크림, 라벤더 오일과 같은 아로마 오일 몇 방울을 넣고 함께 섞어 줍니다.

2. 15 방울 정도의 식용색소를 넣습니다. 재료들이 색소를 흡수하여 연한 색이 됩니다. 매우 적은 양으로도 색깔이 나타나는 것을 확인할 수 있습니다.

부글부글 비누 폭탄 만들기   121

건조한 가루와 습기가 있는 물질들을 잘 섞어 줍니다.

귀 기울여 보세요. 지글지글 거품 소리가 들릴 거예요.

3 숟가락을 이용해 모든 물질을 잘 섞어 줍니다. 이 단계에서는 여전히 가루처럼 보일 것입니다. 식용 색소가 미세하게 흩어진 방울로 보일 수 있습니다. 그러나 다음 단계에 물을 넣어서 농도를 변화시킬 것입니다.

4 스프레이로 약간의 물을 뿌립니다. 타르타르 크림과 소다가 물에 녹으면서 반응을 시작하고 지글지글 거품이 생깁니다.

절벽 모양처럼 만들어 봅시다. 만약 부서진다면 물을 조금 더 넣습니다.

숟가락을 이용하여 실리콘 틀에 옮겨 담습니다.

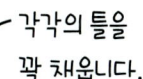

각각의 틀을 꽉 채웁니다.

5 이제 혼합물은 가루보다는 젖은 모래와 비슷하게 보일 것입니다. 잘게 부서지지 않고 형태를 유지한다면, 숟가락으로 틀에 옮겨 담을 준비가 되었습니다. 필요하다면 원하는 농도가 될 때까지 물을 더 넣고 잘 섞어 줍니다.

일정하게 같은 양을 채웁니다.

122 부글부글 비누 폭탄

이틀 동안 비누 폭탄을 말립니다.

혼합물을 틀에 눌러 담습니다.

6 모든 실리콘 틀을 다 채웠다면, 손가락으로 단단하게 누릅니다. 손가락이나 숟가락을 이용하여 넓고 편평하게 펴 줍니다. 꾹꾹 누르고, 가루 표면을 깨끗하게 정돈합니다.

7 적어도 이틀 동안은 비누 폭탄을 말려야 합니다. 비누 폭탄은 수분이 증발하면서 더욱 단단해집니다. 건조한 가루를 결합시키는 올리브 오일 때문에 완전하게 건조되지는 않을 것입니다.

틀을 조심스럽게 벗겨 내면서, 비누 폭탄이 깨지지 않도록 주의합니다.

비누 폭탄의 표면이 거칠어 보여도 괜찮습니다. 사용하는 데 전혀 문제없습니다.

산 성분과 혼합물이 물과 반응하면서 생기는 현상을 "중화반응"이라고 합니다.

8 이틀이 지난 후 조심스럽게 틀에서 벗겨 냅니다. 만약 실리콘 틀을 사용한다면 재활용할 수 있습니다. 다음번에는 다른 색깔을 만들어 보세요.

9 이제 준비가 되었습니다. 그러나 사용하기 전까지는 습한 곳에 보관하면 안 됩니다. 건조한 곳에 보관하세요.

부글부글 비누 폭탄 만들기　123

10 물에 비누 폭탄을 넣어 보세요. 힘찬 거품과 함께 재미를 느낄 수 있습니다. 비누 폭탄은 물에 녹으면서 연속적으로 거품을 발생시킵니다. 올리브 오일과 아로마 오일의 향기가 우리를 기분 좋게 만들어 주고, 양질의 보습 효과를 기대할 수 있습니다.

한 걸음 더 나아가기

향기롭고 거품이 나며, 욕조가 즐거워지는 비누 폭탄은 목욕을 즐기는 사람에게 더없이 완벽한 선물입니다. 꽃잎, 천연 성분, 말린 라벤더 등을 더 첨가할 수 있습니다. 아래처럼 장미 꽃잎을 넣을 수도 있습니다. 예쁘게 포장해서 선물할 수도 있습니다.

1 좀 더 특별한 비누 폭탄을 만들고 싶다면, 말린 장미 잎을 넣어 보세요. 손쉽게 구할 수 있는 말린 꽃잎을 넣어도 좋습니다. 다른 성분들과 잘 섞어 주기만 하면 됩니다.

2 그다음에 이 실험과 같은 순서대로 만듭니다. 꽃잎은 사진과 같이 비누 폭탄 안에 섞여 있습니다. 욕조에서 사용한다면 꽃잎이 함께 나오겠지요.

원리 파헤치기

물속에서 비누 폭탄이 거품을 내는 것은 화학반응 현상입니다. 소다의 정식 명칭은 탄산수소나트륨입니다. 이것은 타르타르크림(주석산, 중타르타르산칼륨)과 반응합니다. 그 결과 물에 녹으면 다음 3가지 물질로 분리됩니다. 나트륨(물에 녹아 이온이 됨), 수산화물(산에서 수소와 결합하여 물을 생성함), 이산화탄소 가스(거품을 만들어 냄)입니다.

이산화탄소 거품이 표면으로 떠오른다.

이산화탄소 분자

식용색소, 오일, 그 밖에 섞여 있는 물질들이 물속에서 녹아 나온다.

우리 주변의 과학
거품 나는 알약

발포 비타민은 물에 넣으면 반응하는 물질과 산을 포함하고 있습니다. 이 비타민은 거품을 내며 물에 녹기 때문에 알약보다 쉽게 목으로 넘겨 마실 수 있습니다.

신비한 얼음 공

다양한 색깔과 무늬를 가진 이 둥근 물체는 값진 보석이나 신기한 바다 생물, 외계 생명체처럼 보일 수 있습니다. 그러나 사실 이것은 색깔을 띤 얼음 공입니다. 이 두 공은 서로 다른 무늬를 하고 있는데, 각각 다른 식용색소가 얼음이 녹을 때 흐르면서 퍼졌기 때문입니다. 여기서 꼭 알아 두어야 할 것이 있습니다. 이 공이 오래도록 유지되지 않는다는 점이지요. 얼음이 모두 녹기 전에 기념사진을 찍어 두세요.

이 얼음 공은 풍선에 물을 채워 하루 동안 얼리면 쉽게 만들 수 있습니다.

소금 알갱이가 얼음 공에 녹아듭니다. 소금이 표면에 닿을 때마다 얼음은 녹아내릴 것입니다.

색색의 물줄기가 얼음 공 가장자리를 따라 흐릅니다.

다양한 색깔의 얼음 공들

이 아름다운 공들은 풍선 안에 물을 넣고 얼려서 만들 수 있습니다. 얼음 위에 소금을 뿌리면, 얼음이 녹으면서 공의 표면을 따라 물이 흐르게 됩니다. 혼합물에 식용색소를 첨가하면 물과 함께 흘러내리면서, 초록색, 파란색 등 예쁘고 다양한 무늬의 얼음 공을 만들어 낼 수 있습니다.

신비한 얼음 공 만들기

시간: 10분, 얼음을 얼리는 시간

난이도: 쉬움

이 실험은 매우 간단하지만, 아주 멋지고 아름다운 결과를 보여 줍니다. 풍선 안에 물을 넣어 얼린 얼음 공에 소금과 식용색소를 함께 뿌리기만 하면, 멋진 무늬를 만들어 낼 수 있습니다. 그러나 주의할 점이 있습니다. 소금과 얼음이 만나면 영하 21도(-21℃)까지 차가워질 수 있습니다. 따라서 소금을 뿌린 후에는 맨손으로 만지지 마세요.

준비물

식용색소

풍선

큰 그릇

가위

소금

그리고 냉동고와 수도꼭지가 필요합니다.

만약 냉동고의 공간이 충분하다면 풍선을 크고 둥근 그릇에 담아서 넣어 두세요. 그래야 풍선의 형태가 둥글게 유지됩니다.

1 풍선의 입구를 수도꼭지에 대고, 물을 틀어서 풍선의 반을 물로 채웁니다. 그리고 풍선의 입구를 묶습니다. 필요하다면 어른에게 도움을 요청하기 바랍니다. 그 다음 풍선을 냉동고에 넣고 밤새도록 놓아둡니다.

얼음이 너무 차갑다면 손에 장갑을 끼세요.

2 풍선을 냉동고에서 꺼냅니다. 액체가 딱딱하게 굳어 고체가 되었을 것입니다. 풍선의 묶인 부분을 가위로 잘라 내고 고무를 벗겨 냅니다.

신비한 얼음 공 만들기

3 얼음 공을 다시 그릇에 넣습니다. 얼음 공 위에 약간의 소금을 뿌려 보세요. 소금이 닿는 부분을 잘 관찰하면, 얼음이 녹아서 매우 작은 구멍들이 만들어지는 것을 볼 수 있습니다.

4 약간의 식용색소를 얼음 공 위에 뿌리면 액체가 흘러내립니다. 식용색소는 처음에는 얼음 공 위로 내려앉지만, 빠르게 녹은 부분을 따라 흐르게 됩니다. 이것은 어느새 얼음의 옆면을 타고 강물처럼 흐릅니다.

5 얼음 공을 더 아름답게 만들기 위해서 다른 색깔의 식용색소를 함께 사용해 봅시다. 손전등이나 램프로 아래에서 빛을 비춘다면 더욱 화려하고 멋진 장면을 볼 수 있습니다.

원리 파헤치기

소금 알갱이는 결정입니다. 그리고 나트륨 이온과 염화 이온 두 가지 입자가 결합되어 있습니다. 소금이 얼음 공에 뿌려지면, 이온들은 얼음의 규칙적인 물 분자 결합을 끊어 버립니다. 일단 물 분자가 떨어지면, 얼음은 액체가 됩니다. 나트륨 이온과 염화 이온은 각각 물 분자와 달라붙기 때문에, 온도가 더 내려가지 않고서는 물 분자가 서로 다시 결합할 수 없게 만듭니다.

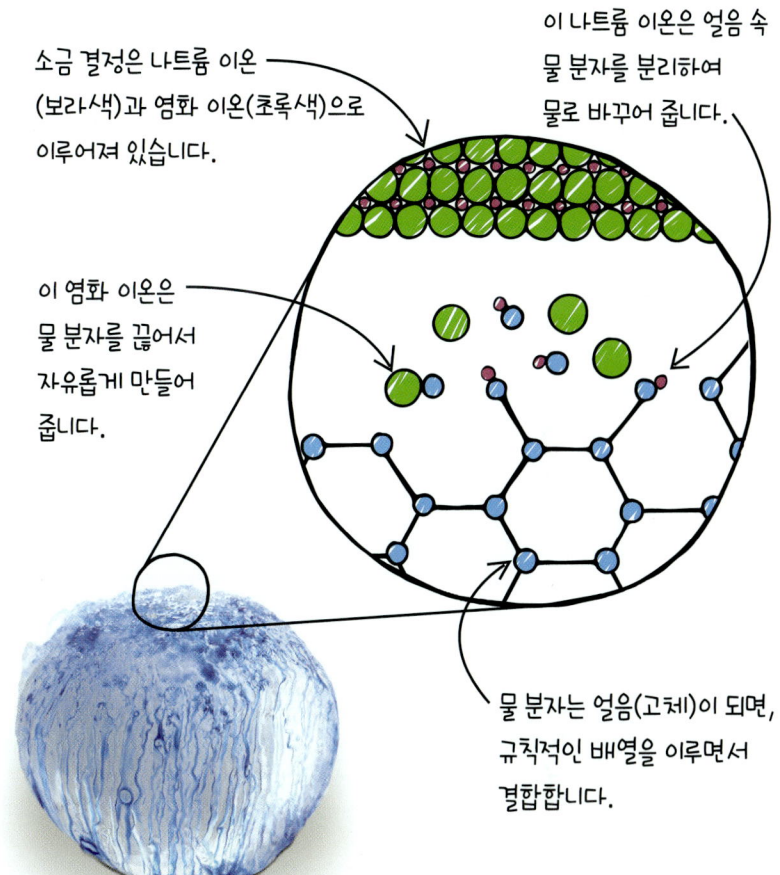

소금 결정은 나트륨 이온(보라색)과 염화 이온(초록색)으로 이루어져 있습니다.

이 나트륨 이온은 얼음 속 물 분자를 분리하여 물로 바꾸어 줍니다.

이 염화 이온은 물 분자를 끊어서 자유롭게 만들어 줍니다.

물 분자는 얼음(고체)이 되면, 규칙적인 배열을 이루면서 결합합니다.

우리 주변의 과학
도로 위 얼음 녹이기

얼음이 생기는 계절이 되면, 특수 차량이 사고 예방을 위해 주요 도로와 인도에 소금을 뿌립니다. 소금은 표면에 생긴 얼음이나 눈을 녹이게 됩니다. 또 물이 얼음이 되는 것을 막아 줍니다. 그 이유는 소금을 뿌리면 물의 어는점이 낮아져 쉽게 얼지 않기 때문입니다.

위대한 자연 탐구

특별히 자연을 대상으로 실험을 수행한다면, 과학을 통해 신선한 공기와 대자연을 만날 수 있습니다. 나만의 작은 정글을 만드는 것부터 폭발하는 화산을 만드는 것까지 자연의 위대함을 표현하는 프로젝트를 소개하겠습니다. 빛을 감지하는 종이와 식물의 잎을 통해 태양에너지를 체험할 수 있습니다. 종이컵으로만 만들어진 풍력 장치로 바람의 속력을 측정할 수도 있습니다. 예술적으로 표현한다면, 전시를 할 수도 있습니다.

병 속의 정글

이 실험에서 여러분은 나만의 정글을 만들 수 있을 것입니다. 이 정글은 어떤 도움도 필요 없이 스스로 자라고 생명이 유지될 것입니다. 오로지 한 번의 물만 주면 됩니다. 놀랍게도 이 정글은 실제 정글이 하는 것처럼, 물을 흡수하는 나무가 있으며, 스스로 비를 만들어 내면서 유지됩니다.

밀봉된 생태계

비록 공기나 물의 출입이 없을지라도, 병 속의 식물은 살 수 있습니다. 동물, 식물, 토양은 공존하며, 한 공간 안에서 생태계의 일부로 함께 살아갑니다.

식물은 태양 빛을 필요로 합니다. 투명한 플라스틱 병을 통해 빛이 들어갈 수 있습니다.

물은 병의 안쪽에 모입니다.

필요하다면 흙과 작은 식물을 더 넣을 수 있습니다.

이 흙은 스펀지처럼 물을 머금고 있습니다.

병 속의 정글 만들기

작은 정글은 1.5~2L 용량의 빈 플라스틱 병에 깨끗한 흙을 넣고 건강한 식물을 심어서 만들 수 있습니다. 작은 돌, 피스타치오 껍질과 숯덩이를 함께 넣습니다. 활성 숯을 넣는다면 흡착제로 사용할 수 있습니다. 만약 구할 수 없다면, 보통의 숯을 부숴 넣으면 됩니다. 숯은 죽은 식물에서 발생되는 화학물질을 흡수하며, 정글에 냄새가 나지 않게 해 줍니다.

시간: 20분   난이도: 보통

준비물

접착테이프 · 피스타치오 껍질 · 작은 돌 · 플라스틱 병 · 물이 든 스프레이 · 가위 · 부서진 숯 · 식물

1 플라스틱 병을 잘라서 2개로 나눕니다. 아랫부분을 약 10cm 높이로 자릅니다. 나중에 윗부분을 다시 사용합니다. 바닥에 작은 돌을 넣고, 그 위에 숯을 올려놓습니다.

2 숯 위에 피스타치오 껍질을 쏟아붓습니다. 이 껍질은 흙이 아래의 숯과 돌 방향으로 허물어지지 않도록 막아 주는 역할을 하게 됩니다.

3 조심스럽게 식물을 화분에서 꺼내 피스타치오 껍질 위에 올려놓습니다. 이때 병 속의 층들이 흔들리지 않도록 주의합니다.

날카로운 끝부분을 조심하세요.

병 속의 정글 만들기 133

4 화분으로부터 흙을 조심스럽게 꺼내 단단하게 넣습니다. 숯과 돌은 정글이 질척한 늪이 되는 것을 막아 줍니다.

5 식물의 잎에 스프레이로 물을 충분히 뿌려 줍니다. 또 흙이 촉촉하게 젖을 정도로 약간의 물을 흙에 넣어 주세요. 여러분이 만든 정글 생태계는 이제 주변 세계로부터 분리될 준비가 되었습니다.

원리 파헤치기

실제 정글에서는 낮 시간 동안 증산작용에 의해 물이 지속적으로 식물을 통과하게 됩니다. 물은 뿌리를 통해 흡수되어 위로 이동하며, 식물 잎사귀 뒷면의 작은 구멍(기공)을 통해 수증기 형태로 밖으로 나옵니다. 이것들은 구름을 거쳐 물방울이 됩니다. 여러분이 만든 정글에서 수증기는 병 안쪽에 물방울들을 만듭니다. 물은 비가 되어 땅으로 떨어지며 이렇게 물의 순환은 계속 일어납니다.

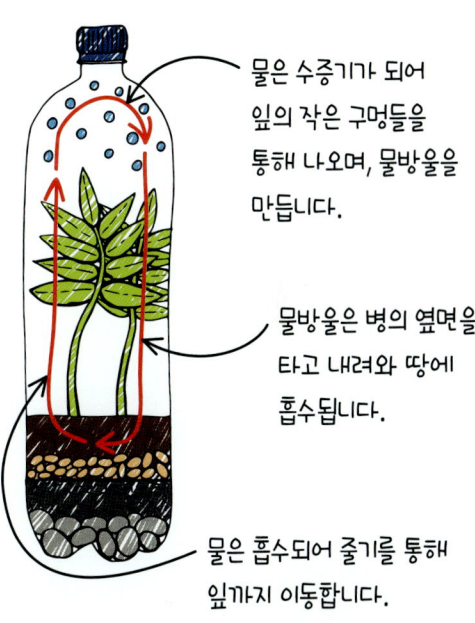

물은 수증기가 되어 잎의 작은 구멍들을 통해 나오며, 물방울을 만듭니다.

물방울은 병의 옆면을 타고 내려와 땅에 흡수됩니다.

물은 흡수되어 줄기를 통해 잎까지 이동합니다.

6 이제 병의 아랫부분을 놓고 윗부분을 연결시킬 차례입니다. 공기와 물을 넣어 주는 마지막 순간이며, 지금부터는 어떤 것도 들어가거나 나올 수 없습니다. 병의 두 부분을 접착테이프로 잘 붙여 밀봉해 줍시다.

어떤 공기도 들어갈 수 없도록 뚜껑을 돌려서 닫아 주세요.

공기가 들어갈 수 없도록 단단히 차단해 주세요.

7 여러분의 정글을 빛이 비치는 따뜻한 곳에 놓아두세요. 그러나 직사광선은 피해야 합니다. 병이 너무 따뜻해지면 물은 식물을 통해 흡수되지 않고 병 바닥에서 증발할 것입니다.

우리 주변의 과학
아마존 열대우림

정글에 알맞은 과학 용어는 열대우림(tropical rainforest)입니다. 열대는 "적도 부근"을 의미하지요. 이 숲은 항상 안개로 가득합니다. 각각의 나무들은 하루에 수천 리터의 물을 흡수합니다. 공기는 항상 수증기로 가득 차 있으며, 항상 많은 양의 비가 되어 내립니다.

놀라운 화석

죽은 후 화석으로 변한 생물들을 통해, 과거에 생존했던 몇몇 종류의 동물과 식물을 알 수 있습니다. 실제 화석은 만들어지기까지 수백만 년의 시간이 걸립니다. 그러나 여러분은 24시간도 채 안 되는 시간에 화석을 만들 수 있습니다. 일단 여러분이 화석을 만든다면 모래에 묻어 놓고, 화석을 발굴하는 고생물학자가 되어 봅시다. 물론 성공은 보장되어 있겠지요.

색깔을 잘 골라서 칠하면 진짜 화석처럼 보일 수 있습니다.

진짜 화석처럼 만들기

이 실험은 석고를 가지고 화석 조개를 어떻게 만드는지 알려 줍니다. 또 물감을 칠해서 정말로 오래된 것처럼 보일 것입니다. 여러분은 화석의 재료로 자연의 어떤 물체든 사용할 수 있습니다. 어떤 화석은 말린 불가사리가 될 수도 있습니다. 만약 해변을 걷는다면 눈을 크게 뜨고 재료를 찾아보세요. 많은 재료들이 주변에 있을 것입니다.

여러분이 만든 가짜 화석을 흙에 묻은 다음 친구가 고생물학자가 된 것처럼 화석을 찾을 수 있도록 해 봅시다.

놀라운 화석 만들기

화석을 만드는 데 가장 중요한 재료는 석고입니다. 이 하얀 가루는 물과 섞이면 반죽이 되고 굳으면 딱딱해집니다. 안전을 위해 함께 석고를 다루어 줄 어른을 찾아 도움을 구해 봅시다. 화석이 될 좋은 재료를 고르는 것은 매우 재미있는 과정입니다. 이것은 조개가 될 수도 있으며, 신기한 형태와 질감을 가진 어떤 물체도 될 수 있습니다.

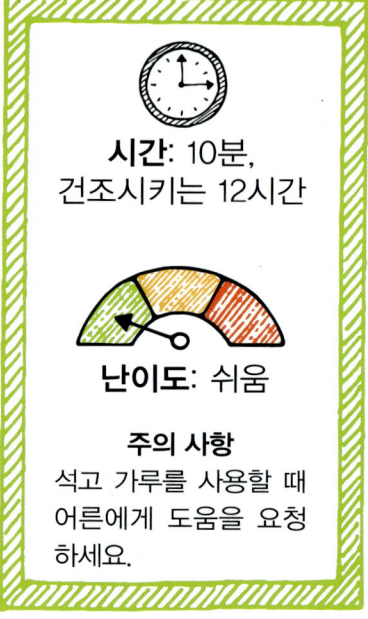

시간: 10분, 건조시키는 12시간

난이도: 쉬움

주의 사항
석고 가루를 사용할 때 어른에게 도움을 요청하세요.

준비물

플라스틱 그릇 / 조개류 / 물감 / 석고 가루 / 지점토 / 물이 든 계량컵 / 숟가락 / 색칠용 붓

1 플라스틱 통에 약간의 물과 석고 가루를 넣고 잘 섞어 줍니다. 한 컵 정도의 석고 반죽이면 충분할 것입니다.

2 그다음 플라스틱 그릇에 지점토를 넣고 바닥을 채워 줍니다. 2cm 정도 두께의 층이 필요합니다. 손가락을 이용하여 가능한 한 판판하게 펴 줍니다.

놀라운 화석 만들기

3 조개껍데기를 들어서 지점토에 넣고 단단하게 눌러 줍니다. 확실한 자국을 남길 수 있도록, 30초 정도 꾹 눌러 줍니다. 그다음 조심스럽게 제거합니다. 지점토 위에 확실하게 남은 자국을 볼 수 있습니다.

4 이제 석고 반죽을 지점토 자국 위에 부어 줍니다. 그리고 굳을 때까지 최소한 12시간 정도 가만히 둡니다. 하지만 실제 화석은 수백만 년의 시간이 걸렸다는 점을 기억하기 바랍니다.

5 석고가 단단하게 굳었다면 지점토에서 쉽게 빼낼 수 있습니다. 사진처럼 손가락을 사용하면 됩니다. 하지만 경우에 따라 어른의 도움을 받거나, 숟가락 등을 지렛대로 활용해 빼내야 할 수도 있습니다. 석고는 조개 화석으로 바뀌어 있을 것입니다.

물감을 칠하기 전에 석고가 단단하게 굳었는지 확인하세요.

6 화석과 화석 주변을 진짜 화석처럼 보이도록 칠해 보세요. 집 주변의 나뭇잎이나 뼈 등 다른 물체들을 찾아 같은 방법으로 만들어 보세요. 혹시 중요한 물건일 수 있으니 주인이 있다면 허락을 받아야겠죠?

원리 파헤치기

여러분이 만든 가짜 화석은 진짜 화석이 만들어지는 방법과 거의 같습니다. 식물과 동물의 부드러운 부분이 사라지고, 그 공간에 진흙이 채워집니다. 수백만 년 넘게 진흙은 딱딱한 암석으로 변합니다. 공룡 전문가들은 이런 방식으로 만들어진 공룡 발자국을 발견합니다.

공룡의 발은 깊은 자국을 남깁니다.

공룡은 잔잔한 물이 흐르는 물가의 부드러운 진흙에 발자국을 남깁니다.

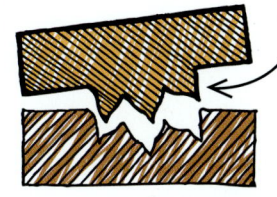

화석 발굴 팀은 암석을 잘게 떼어 내고 공룡의 발자국을 찾습니다.

물이 상승하면 진흙이 발자국을 채웁니다. 결국 암석과 같은 덩어리를 만듭니다.

우리 주변의 과학
삼엽충

삼엽충은 25억 년 전에 생존했던 바다 생물입니다. 삼엽충은 딱딱한 껍질로 둘러싸여 있지만 속에는 뼈가 없습니다. 부드러운 안쪽 부분이 썩을 때 광물들이 그 공간에 채워졌습니다. 그 과정에서 화석이 만들어졌습니다.

신발 상자 속 식물

식물은 생존하고 성장하기 위해 음식(영양분)을 필요로 합니다. 그러나 여러분과는 다르게 태양에너지를 이용하여 스스로 영양분을 만들 수 있습니다. 이 실험에서 여러분은 태양 빛이 식물에게 얼마나 중요한지 알게 될 것입니다. 여러분은 콩에서 자란 식물이 어두운 상자 속 미로를 통과하는 것을 발견할 수 있습니다. 실험을 준비하는 데 많은 시간이 걸리지 않습니다. 그러나 결과를 기다리는 데에는 꽤 시간이 걸릴 것입니다. 며칠 만에 빠른 속도로 자라는 콩이라고 해도 말입니다.

빛을 향해 뻗어 나가는 줄기

여러분은 식물이 미로를 해결하는 것을 보고 깜짝 놀랄 것입니다. 식물은 멈추지 않고 끊임없이 빛을 찾습니다. 그것은 뱀처럼 구부러지면서 위쪽으로 기어오를 것입니다. 빛을 받는 양에 따라서 줄기의 양쪽 옆면이 다른 속도로 자라기 때문입니다.

상자 밖으로 어린 녹색 잎을 보기까지 일주일 또는 그 이상이 걸릴지도 모릅니다.

신발 상자 속 식물 키우기

이 실험은 여러분에게는 매우 쉬운 작업입니다. 하지만 식물에게 힘든 일입니다. 여러분은 콩을 심어 기를 것이고, 그 식물이 통과할 비밀 장애물 코스를 만들 것입니다. 몇 번의 가위질을 할 것이며, 도움이 필요한 부분도 있습니다. 그러나 콩에서 싹이 나기 전까지는 실험을 시작할 수 없습니다. 우선 콩을 흙이 든 용기에 심고, 창가에 며칠 동안 놓아둡니다. 기다리는 동안 신발 상자 미로를 만들 수 있습니다. 일단 모든 것이 준비될 때까지 인내심을 가지고 기다려야 합니다.

시간: 45분, 콩이 자라는 시간

난이도: 보통

준비물

- 두꺼운 도화지
- 배양토가 든 플라스틱 컵
- 접착테이프
- 누에콩
- 물감
- 붓
- 물이 든 스프레이
- 가위
- 신발 상자

1 누에콩을 약 2.5cm 깊이로 배양토에 심습니다. 만약 배양토가 없다면 화단의 흙을 사용하세요.

2 스프레이를 이용하여 배양토에 충분히 물을 뿌립니다. 이 물이 며칠 동안 씨앗을 싹트도록 합니다. 그리고 햇빛이 잘 비치는 곳에 놓아두세요.

식물이 빛이 비치는 방향으로 자라는 현상을 "굴광성"이라고 합니다.

신발 상자 속 식물 만들기 141

3 이제 신발 상자를 준비하고, 한쪽 면에 두 변의 길이가 5cm, 2.5cm인 직사각형 구멍을 뚫습니다. 다른 구멍은 어떤 빛도 들어갈 수 없도록 접착테이프로 붙입니다.

4 상자의 안쪽과 바깥쪽을 모두 물감으로 칠합니다. 이것은 전시할 때 멋지게 보이도록 해 줍니다. 하얀색을 먼저 칠하고 그 위에 어두운 녹색을 칠해 줍니다. 물론 자신이 원하는 색깔로 칠해도 됩니다.

두꺼운 도화지의 양쪽 날개의 끝을 이렇게 접어 둡니다.

5 두 장의 두꺼운 도화지를 상자의 안쪽에 맞추어 자릅니다. 양쪽 끝에 충분히 넓은 날개를 만듭니다. 두꺼운 도화지의 한쪽 끝에 직사각형 구멍을 뚫습니다.

두꺼운 도화지의 구멍은 미로를 만듭니다. 콩의 싹은 이 구멍을 통과하여 길을 찾게 됩니다.

6 접착테이프를 이용하여 두꺼운 도화지의 날개 부분을 상자의 안쪽에 붙입니다. 사진과 같이 하나는 상자의 1/3 지점에 붙이고, 다른 하나는 2/3 지점에 붙입니다. 이때 두꺼운 도화지의 구멍이 반대 방향이 되도록 붙입니다.

일단 싹이 나면 식물은 빛이 있는 쪽으로 자라게 됩니다.

7 그동안 컵 화분에서 싹이 나는지 확인해야 합니다. 흙이 건조하다면 물을 더 뿌려 줍니다. 며칠이 걸리겠지만 싹이 트고 자라야 실험을 할 수 있습니다.

- 약간의 빛이 상자 위의 구멍을 통해 들어갑니다.
- 식물은 오로지 두꺼운 도화지의 구멍을 통과하는 빛만 받을 수 있습니다.

8 싹이 튼 식물과 배양토가 든 플라스틱 컵을 상자의 바닥에 놓습니다. 컵의 입구가 상자 면의 반대쪽을 향하도록 하고 두꺼운 도화지의 구멍 아래쪽에 위치하도록 놓습니다.

한 걸음 더 나아가기

이제 여러분은 식물이 미로를 통해 얼마나 빛을 잘 찾아가는지 보게 될 것입니다. 더 어려운 실험을 할 수도 있습니다. 두꺼운 도화지의 구멍을 작게 하거나 더 많은 칸막이를 설치해 보세요. 그 밖에 복잡한 다른 부분을 추가할 수도 있습니다. 박스를 열어 둔다면 어떤 일이 벌어질까요? 다른 구멍을 모두 닫는 것과 다른 점이 있을까요? 어두운 장소에서 한 방향에서 오는 빛으로 식물을 구부러지게 할 수 있을까요? 콩 대신에 배양토가 필요 없는 싹이 돋은 감자를 사용할 수도 있습니다.

- 뚜껑을 닫고 인내심을 가지고 기다려 봅시다.

9 상자를 닫고 접착테이프로 붙입니다. 햇빛이 잘 들고 발에 걸려 넘어지지 않을 만한 곳에 세워 두세요. 가끔씩 식물이 건강하게 자라도록 뚜껑을 열어 물을 줍니다.

- 식물은 빛이 있는 쪽으로 미로를 통과하고 지그재그로 움직이면서 테스트를 통과합니다.

10 식물의 싹이 상자 위의 구멍을 통해 밖으로 나올 때까지 상자를 닫아 둡니다. 일주일 또는 이주일이 걸릴 수도 있습니다. 그러나 기다릴 만한 가치가 있습니다.

원리 파헤치기

식물은 영양분을 만드는 데 햇빛을 에너지원으로 사용합니다. "광합성"이라고 하는 이 과정에서 잎을 통해 태양에너지를 흡수하지요. 토양으로부터 물을, 공기로부터 이산화탄소를 빨아들여 빛을 이용하고 합성해서 "포도당"(당의 한 종류)을 만듭니다. 포도당은 식물에게 영양분을 제공합니다. 따라서 식물이 태양을 향해 자라는 게 놀라운 일은 아닙니다. 식물은 가능한 한 일광욕을 하려고 하지요. 이것은 모두 "옥신"이라는 물질 때문입니다. 특정 부분에 옥신이 많으면 많을수록 식물의 해당 부분은 더 빨리 자랍니다. 빛은 옥신을 파괴합니다. 따라서 줄기의 빛을 많이 받는 쪽은 천천히 자라게 됩니다. 그림자가 진 쪽은 더 많은 옥신을 가지기 때문에 더 빨리 자랍니다. 이러한 이유 때문에 식물은 빛이 비치는 쪽으로 휘어지게 됩니다.

태양 빛은 작은 입구를 통해 들어옵니다.

식물은 2개의 구멍을 통과하여 빛이 있는 경로를 따라서 자라게 됩니다.

아주 적은 양의 빛이 상자의 바닥에 도달합니다.

우리 주변의 과학
식물의 성장

어린 해바라기는 하루 동안 동쪽에서 서쪽으로 태양을 따라 움직입니다. 밤이 되면 다음 날 태양이 뜰 것에 대비하여 다시 동쪽으로 되돌아옵니다. 이 두 가지 움직임은 모두 식물 체내의 옥신의 농도와 관계가 있습니다. 일단 해바라기 꽃이 완전히 자라면, 태양을 따라가는 것을 멈추고 대개 동쪽을 향해 있게 됩니다.

광합성

낮 동안에 나무는 광합성을 통해 포도당을 만들어 냅니다. 밤에는 생존하고 성장하기 위해 영양분이 되는 포도당을 사용합니다.

잎에 비추는 태양 빛은 에너지를 공급합니다.

잎은 산소를 만들어서 밖으로 내보냅니다.

나무는 공기 중의 이산화탄소를 흡수합니다.

뿌리는 많은 양의 물을 흡수하여 빨아들입니다.

태양이 그린 아름다운 그림

아름다운 태양 그림을 만들면서 여러분의 창작열을 키워 보세요. 이 실험에 필요한 빛을 감지하는 특별한 종이는 문구점이나 인터넷을 통해 구할 수 있습니다. 최상의 결과를 얻기 위해서는 밝은 태양빛이 있는 날에 실험해야 합니다. 만약 구름이 많은 날이라면, 조금 더 오랫동안 태양에 노출시켜야 하지요. 잎, 깃털과 같은 납작한 형태의 소재를 활용하여 아름다운 예술 작품을 만들어 봅시다!

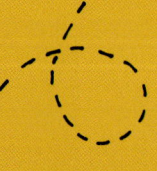

어떤 형태가 태양 그림을 그리기에 좋을지 생각해 보세요. 정사각형, 직사각형 혹은 다른 어떤 형태라도 좋습니다.

이 종이는 빛에 민감하게 반응하며, 멋진 파란색의 태양 그림을 만들어 냅니다.

파란색과 하얀색의 예술

여러분은 오직 파란색과 하얀색으로만 그림을 만들 수 있습니다. 하얀색 부분은 물체의 그림자 부분입니다. 예술 작품처럼 테두리를 만들고 벽에 걸어 보세요. 두꺼운 도화지로 틀을 만들어 보세요. 명화처럼 보이고 싶다면, 나무로 된 틀을 사용해도 좋습니다.

원형의 두꺼운 도화지 틀은 이 양치식물 빛 그림을 예술가가 직접 그린 것처럼 보이게 해 줍니다.

태양이 그린 아름다운 그림 만들기

이 실험은 빛에 민감한 종이를 사용합니다. 이 종이는 빛에 반응하는 화학물질로 코팅되어 있습니다. 좋은 결과를 내기 위해서는 해가 잘 비치는 날을 골라 밖에서 실험해야 합니다. 이 실험은 매우 빠르게 진행된다는 점을 기억하세요. 태양에 노출시킬 차례가 되면 쟁반에 물을 준비하고, 종이를 바로 적셔 실험해야 합니다. 한 번 빛에 노출되면 이 종이는 다시 사용할 수 없습니다.

시간: 10분, 조금 기다리는 시간   **난이도**: 쉬움

준비물

시광종이 (빛에 민감한 종이)

압정

깃털

손수건

골판지

무거운 책

물이 든 쟁반

1 밖으로 나가서 한 장의 시광종이를 꺼냅니다. 이때 가능한 한 빠르게 골판지에 시광종이를 올려놓고 압정으로 고정시킵니다. 시광종이 위에 깃털을 올려놓고, 가만히 둔 채로 몇 분 동안 기다립니다.

2 시광종이는 연한 파란색에서 짙은 파란색으로 바뀌어 갈 것입니다. 그다음 깃털을 제거하고, 시광종이를 분리합니다. 깃털이 있던 자리에 태양 빛이 도달하지 못해 생긴 그림자를 볼 수 있습니다.

태양이 그린 아름다운 그림 만들기   147

손수건을 사용하여 젖은 종이의 물을 빨아들입니다.

3 가능한 한 빠르게 이 종이를 물이 든 쟁반에 넣어서 물을 흡수시킵니다. 짙은 파란색의 깃털 무늬가 물에 씻겨 나갑니다. 그리고 연한 파란색이었던 주변이 짙은 파란색으로 바뀝니다. 이렇게 물속에 몇 분 동안 놓아둡니다.

4 종이를 말리기 위해 깨끗한 손수건에 조심스럽게 넣습니다. 그 위에 무거운 책을 올려놓습니다. 이것은 물이 잘 흡수되고 종이가 판판하게 유지되도록 도울 것입니다. 적어도 몇 시간 동안 이 상태로 놓아두세요.

5 종이의 상태를 확인하면서 손수건을 열어 봅시다. 만약 잘 건조되었다면, 태양 그림은 완성되었습니다. 종이의 색깔이 또 어떻게 변했는지 확인해 보세요. 파란색은 더 짙어졌으며, 흰색 부분이 더 도드라져 보일 것입니다.

태양에서 온 자외선은 프러시안블루 빛깔을 만들어 냅니다.

깃털의 세밀한 무늬까지 아름답고 경이롭게 표현됩니다.

한 걸음 더 나아가기

아름다운 태양 그림을 세련된 액자에 넣어서 친구나 가족들에게 보여 주세요. 자, 연필, 두꺼운 도화지, 풀, 가위 등으로 만들 수 있습니다.

1 자와 샤프를 이용해서 두꺼운 도화지에 직사각형을 그리세요. 직사각형 프레임을 태양 그림보다 약간 작게 그린 후 가위로 조심조심 오리세요.

2 직사각형 프레임 뒷면에 풀을 충분히 발라 태양 그림을 붙이세요. 그림의 균형이 잘 맞는지 확인하세요!

원리 파헤치기

시광종이는 자외선이라는 빛에 노출되었을 때 반응하는 화학물질로 코팅되어 있습니다. 이 반응을 통해 "프러시안블루"라고 불리는 파란색 물질을 합성하게 됩니다. 이 종이를 물에 넣으면 빛이 도달하지 않았던 부분에 남아 있던 화학물질이 씻겨 나갑니다. 하지만 프러시안블루는 종이에 남아 있게 됩니다.

우리 주변의 과학
섬세한 깃발

어떤 물질이 태양 빛에 오랜 시간 노출된다면 자외선에 손상될 수 있습니다. 그래서 여기 200년이 된 성조기처럼 중요한 문화재는 어두운 곳에 보관하여 손실을 막습니다.

폭발하는 화산

화산은 매우 거대하고, 원뿔 모양을 하고 있습니다. 수천 년 또는 수백만 년 넘는 시간이 흘러 만들어졌지요. 그런데 자주 폭발합니다. 바위를 녹인 뜨거운 물질을 원뿔의 꼭대기(분화구)에서 뿜어냅니다. 이제 여러분은 극적인 풍경을 만들어 내는 나만의 화산을 만들어 볼 것입니다. 플라스틱 병과 종이 반죽을 가지고 말입니다. 암석이 녹은 용암은 실제로는 매우 뜨겁습니다. 그러나 여러분은 집에서 쉽게 구할 수 있는 재료들로 화학반응을 일으켜, 액체 거품을 만들어 낼 것입니다. 화산이 폭발하기 전에는 반드시 한 발 물러서야 한다는 것을 꼭 기억하세요.

화학반응으로 생성된 용암은 화산의 옆면을 따라 흘러내립니다.

실제로 화산 주변의 땅까지 용암이 흘러내리기도 합니다.

흐르는 용암

화산은 땅속 암석이 녹아서 만들어진 마그마를 분출합니다. 땅으로부터 분출되어 나온 마그마는 용암이라고 불립니다. 이 실험에서도 볼 수 있는 가스는 용암에 거품을 만들어 냅니다. 실제 원뿔 모양의 화산은 용암이 굳어서 만들어집니다. 그리고 그것은 계속되는 폭발로 점점 더 커집니다.

화산의 화학반응은 거품이 있는 용암을 만듭니다.

원뿔 모양의 화산은 종이 반죽으로 만듭니다.

폭발하는 화산 만들기

이 실험은 주변을 지저분하게 만들기 때문에 가능한 한 밖에서 하는 것이 좋습니다. 물기가 흐르는 종이(신문지) 반죽으로 만들기 때문입니다. 화려한 폭발은 집에서 자주 사용하는 두 가지 재료(식초, 소다)로 만들어집니다. 깨끗한 화산을 보고 싶다면 키친타월이나 휴지를 준비해야 합니다. 아마도 계속 닦아내야 할 것 같습니다.

시간: 1시간 30분, 건조시키는 시간
난이도: 보통

준비물

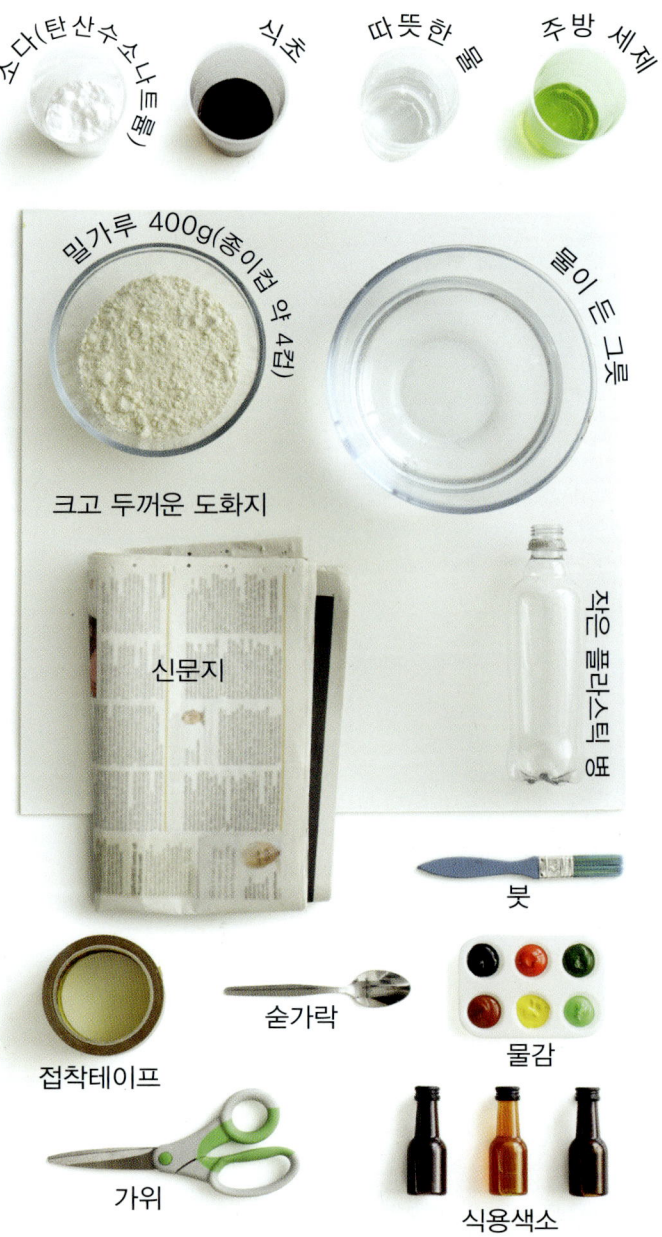

- 소다(탄산수소나트륨)
- 식초
- 따뜻한 물
- 주방 세제
- 밀가루 400g(종이컵 약 4컵)
- 물이 든 그릇
- 크고 두꺼운 도화지
- 신문지
- 작은 플라스틱 병
- 붓
- 숟가락
- 물감
- 접착테이프
- 가위
- 식용색소

1 가위를 사용하여 조심스럽게 플라스틱 병의 윗부분을 잘라냅니다. 이것은 나중에 재료를 쉽게 추가할 수 있도록 해 줍니다. 또 분출의 형태로 다시 나올 수 있도록 해 줍니다. 이 부분은 화산의 가운데가 될 것이며, 병의 입구는 분화구 역할을 합니다.

2 몇 조각의 접착테이프를 사용하여 병을 크고 두꺼운 도화지의 가운데에 붙입니다. 모든 것이 안전하다면, 병 주변에 화산의 원뿔을 만들 준비가 되었습니다.

폭발하는 화산 만들기   151

접착테이프를 팽팽하게 당겨 종이공들이 움직이지 않게 하세요.

3. 신문지를 찢어 둥글게 뭉치세요. 병을 중심으로 종이공을 듬성듬성 쌓아 주세요. 그다음 접착테이프로 종이공들을 단단하게 고정시킵니다.

4. 이제 종이 반죽을 이용한 공예(파피에 마세) 방식을 이용한 화산 분출구를 만들 차례입니다. 신문지를 2~3cm 간격으로 길쭉하게 찢거나 오려서 50여 개를 준비합니다. 이것들을 다음 단계에서 만들 밀가루 풀에 담글 예정입니다.

밀가루를 조금씩 나눠 부으세요.

긴 신문지를 원하는 모양대로 포개어 붙이세요.

5. 밀가루 풀을 만들기 위해서는 물이 든 그릇에 밀가루를 넣고 숟가락으로 잘 저어 줍니다. 걸쭉한 반죽이 될 때까지 밀가루를 더하면서 휘저으세요. 팬케이크 반죽처럼 말이에요!

6. 밀가루 풀에 흠뻑 적신 긴 신문지를 하나씩 옮겨 붙여 봅시다. 손가락을 이용해 밀가루 풀을 적당히 걷어낸 후에 화산 분출구부터 아래까지 매끄럽게 덮어 주세요.

7. 이제 나만의 화산이 완성되었습니다. 분출 실험을 위해서는 밀가루 풀을 완전히 건조시켜야 합니다. 하룻밤 동안 따뜻한 장소에 놓고 말리세요.

종이 반죽이 다 마르면, 물감을 칠할 수 있습니다.

실제 화산의 원뿔은 식어서 굳어진 오래된 용암입니다.

따뜻한 곳에 세워 두면 더 빨리 마릅니다.

8 암갈색 물감으로 칠해 보세요. 그러나 일부 바닥은 아직 칠하지 마세요. 만약 갈색 물감이 없다면 빨간색, 초록색, 파란색을 물감을 섞으면 됩니다. 약간의 모래로 화산의 거친 질감을 표현할 수도 있습니다.

9 두꺼운 도화지와 연결된 부분을 초록색으로 칠해 화산 아래의 초원과 정글을 표현해 보세요. 불타는 용암을 생생하게 표현하고 싶다면 화산 분출구를 빨간색으로 칠해도 좋습니다.

10 이제 정말 화산을 망가뜨릴 차례입니다! 화산 분출구에 아래의 원료들을 부어 넣으세요. 원료들을 넣은 후에 숟가락으로 충분히 저어 주세요.

11 사진으로 남기기를 원한다면 카메라를 준비하세요. 화산이 곧 폭발할 테니까요. 소다를 찻숟가락으로 2~3번 넣고 잠시만 기다리세요!

약 40ml의 주방 세제를 넣습니다.

약 40ml의 따뜻한 물을 넣습니다.

혼합물이 거품을 일으키며 화산 분출구로 쏟아져 나옵니다.

거품이 있는 액체는 쏟아져 나오며 경사면을 따라서 흘러내립니다. 실제 화산 폭발에서의 용암처럼 말이죠.

약 50ml의 식초를 넣습니다.

마지막으로 빨간색 식용색소를 몇 방울 넣습니다.

폭발하는 화산 만들기   153

한 걸음 더 나아가기

두꺼운 종이 바닥과 종이 반죽 대신에 나무 바닥에 진흙을 쌓아서 만들 수도 있습니다. 흙으로 분화구를 만들고 그 안에 작은 플라스틱 컵을 넣습니다. 이것은 혼합하여 만든 용암을 넣을 곳입니다. 만약 많은 양의 식초와 소다를 사용하고 싶다면 매우 큰 컵에 물질들을 넣고, 거대한 화산 폭발을 만들어 낼 수도 있습니다. 그리고 소다 대신에 콜라를 넣고 관찰해 보세요. 콜라는 인을 함유한 산성 물질이며, 소다 대신 사용할 수 있습니다.

원리 파헤치기

아세트산을 가진 식초와 소다를 혼합하면 화학반응이 빠르게 일어나면서 이산화탄소 기체를 발생시킵니다. 매우 작은 이산화탄소 기체 방울들은 용암 혼합물에 넣은 액체 주방세제에 의해 붙잡혀 있게 됩니다. 이 거품은 액체 물질보다 더 많은 부피를 차지합니다. 액체 물질과 거품은 분화구에서 나와 함께 화산의 경사면을 따라 내려갑니다. 실제 용암도 매우 작은 이산화탄소 기체 방울들을 가지고 있습니다. 용암이 냉각되어 딱딱하게 굳어질 때, 기체 방울들이 암석 사이에 갇히기도 합니다.

우리 주변의 과학

퉁구라우아 화산

여러분이 만든 화산은 '소형 원추 화산'입니다. 옆의 사진은 퉁구라우아(Tungurahua) 화산입니다. 남아메리카의 에콰도르에 위치한 현재 활동 중인 활화산이지요. 화산이 폭발할 때 용암과 재가 쏟아져 나와 이것들이 굳어지면서 원뿔 모양은 점점 더 커지고 있습니다.

- 천천히 흘러내린다면 소다와 식초를 더 넣어 주세요.
- 빨간색 식용색소는 거품이 있는 혼합물을 더 용암처럼 보이도록 해 줍니다.
- 용암은 폭발이 멈춘 후에 닦아내는 것이 좋습니다.

화산의 내부

화산의 종류는 다양하지만 모든 화산은 내부 깊은 곳에 마그마 챔버를 가지고 있습니다. 마그마 챔버에는 많은 양의 암석이 녹아 있습니다. 땅속 압력이 높아지면 마그마는 화산 가운데의 구멍을 통해 밀어 올려지고, 분화구를 통해 용암으로 분출되어 나옵니다.

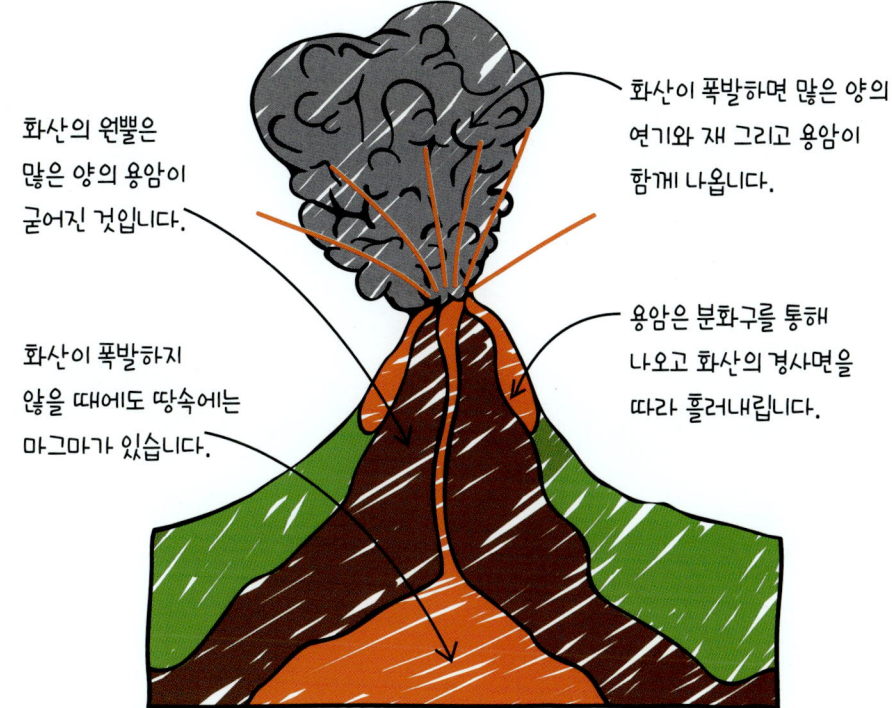

- 화산의 원뿔은 많은 양의 용암이 굳어진 것입니다.
- 화산이 폭발하지 않을 때에도 땅속에는 마그마가 있습니다.
- 화산이 폭발하면 많은 양의 연기와 재 그리고 용암이 함께 나옵니다.
- 용암은 분화구를 통해 나오고 화산의 경사면을 따라 흘러내립니다.

바람개비

바람을 읽는 방법을 알고 있나요? 강풍과 미풍의 차이는 공기의 흐름, 즉 얼마나 빨리 이동하는지에 따라 다릅니다. 날씨를 연구하는 기상학자들은 바람의 속력을 측정하는 풍속계를 사용합니다. 여러분도 쉽게 나만의 풍속계를 만들 수 있습니다. 그다음 가족이나 친구들에게 날씨를 예보할 수 있습니다. 세상에는 다양한 풍속계가 있지만 대부분의 풍속계는 아래와 같이 바람을 잡는 몇 개의 컵을 가지고 있습니다.

바람이 컵 안으로 들어오면 풍속계가 회전합니다.

바람 측정하기

이 풍속계는 아일랜드의 물리학자 로빈슨(Robinson, J. T. R)이 발명한 로빈슨풍속계입니다. 바람이 닿을 때 윙 하는 소리를 내면서 돌아가지요. 기상관측소에서는 자동 센서가 풍속계의 회전 속력을 측정해 줍니다. 그러나 여러분의 풍속계는 종이컵으로 만들며, 직접 회전수를 측정해야 합니다.

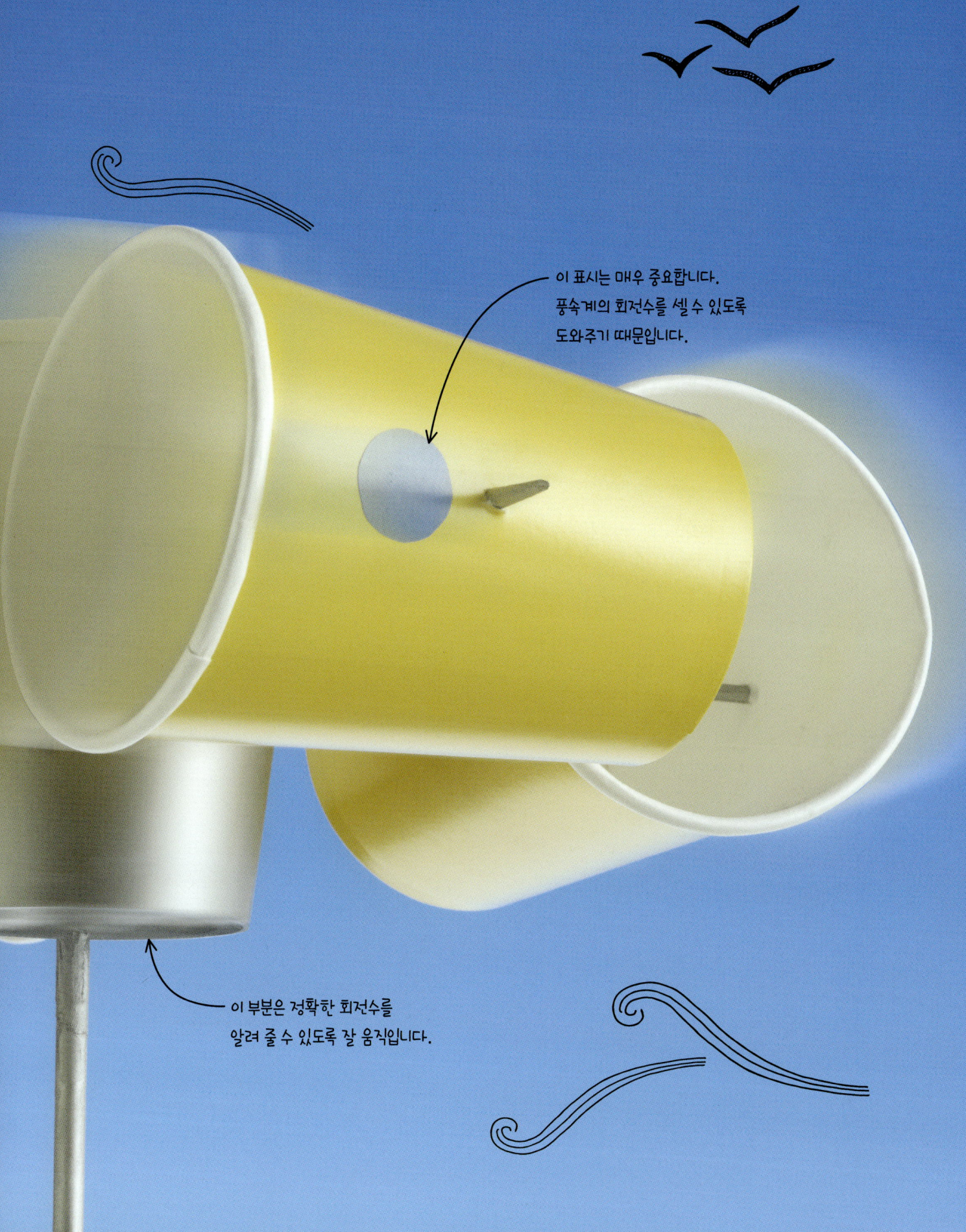

바람개비 만들기

풍속계가 잘 작동하기 위해서는 흔들리지 않도록 잘 고정되어야 합니다. 점토 접착제로 테이블이나 벽 위에 잘 고정하거나 손으로 꼭 잡고 있어야 합니다. 실험을 수행하기 좋은 산들바람이 부는 장소를 찾아보세요. 바람이 불지 않는 막힌 곳에서는 실험할 수 없습니다. 1분에 컵이 얼마나 많이 회전하는지 세어 보세요. 다른 날, 다른 장소를 골라서 회전수를 기록해 보세요.

시간: 20분   난이도: 보통

준비물

6개의 종이컵

나무 꼬치

빨대

점토 접착제   가위

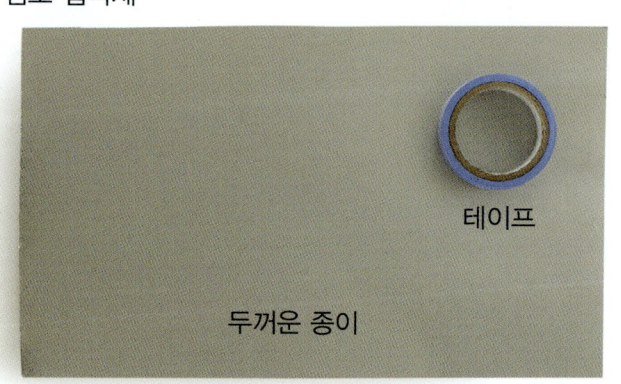

테이프

두꺼운 종이

1 약 10cm의 길이로 빨대를 자릅니다. 만약 끝이 구부러진 빨대라면, 구부러진 부분은 잘라 내세요. 그 다음 사진과 같이 빨대의 한쪽 끝부분에서 2cm 정도를 가위를 잘라서 4조각의 날개로 나눕니다.

2 빨대의 날개를 사방으로 펼치세요. 그다음 점토 접착제를 사용하여 날개를 뒤집어진 종이컵 바닥에 붙입니다. 빨대를 가능한 한 수직으로 곧게 세우세요. 풍속계가 완성되었다면 이 컵은 다른 용도로 사용하게 될 것입니다.

바람개비 만들기   157

모든 컵이 한 방향을 보도록 방향을 잡아 주세요.

3 종이컵 옆면을 관통시켜 나무 꼬치를 끼워 넣으세요. 날카로운 끝부분에 손가락을 다치지 않도록 주의하세요. 첫 번째 나무 꼬치와는 수직이 되도록 또 다른 나무 꼬치를 끼우세요.

4 또 다른 나무 꼬치로 다른 4개의 종이컵에 구멍을 뚫으세요. 이 컵들은 중간에 놓은 컵의 옆쪽에 붙일 것입니다. 그것들을 각각의 위치에 끼워 넣으세요.

안전을 위해 날카로운 부분을 잘라 내세요.

컵에 색깔이 있는 테이프로 표시하세요.

5 두꺼운 종이를 동그랗게 잘라 내고 그 위에 점토 접착제를 붙입니다. 마지막으로 한 개의 컵을 더 준비해서 나무 꼬치를 꽂은 후에 한쪽 끝을 점토 접착제에 끼웁니다.

6 나무 꼬치의 끝부분에서 종이컵이 미끄러질 수 있습니다. 만약 풍속계 모양이 변한다면, 꼬치 막대를 접착제로 더 단단하게 붙여 주세요. 마지막으로 컵에 점을 표시하세요. 풍속계가 돌아가는 횟수를 셀 수 있도록 해 줍니다. 이제 밖으로 나가서 시험해 보세요.

원리 파헤치기

바람이 불면 종이컵의 입구를 밀어 줍니다. 또 같은 나무 꼬치에 연결된 반대쪽 종이컵도 밀어 줍니다. 바람을 마주보고 있는 쪽에서 컵이 받는 힘이 가장 큽니다. 그래서 풍속계는 돌아갑니다. 돌아가면서 다른 한 쌍의 컵도 바람을 맞게 됩니다. 바람이 빠르게 불면 불수록 컵은 더 빨리 회전하게 됩니다.

우리 주변의 과학
풍력발전기

바람의 힘은 매우 강력합니다. 거대한 크기의 풍력 터빈을 돌릴 정도로 충분하지요. 날개가 돌아가면서 전기를 만들어 냅니다. 이 전기는 가정, 학교, 사무실과 공장 등으로 운반되어 사용됩니다. 바람의 속력이 2배로 빨라지면 생산되는 전기에너지는 단지 2배에 그치지 않습니다. 놀랍게도 전기에너지는 8배로 늘어납니다!

용어 사전

게놈
한 생물이 가지는 모든 유전 정보를 말합니다. 인간의 게놈은 약 20,000개의 유전자로 구성되어 있습니다.

결정
고체 상태의 원자나 분자가 서로 결합하여 규칙적인 배열을 하는 것을 말합니다.

결합력
원자나 분자들이 서로 잡아당기는 힘을 말합니다.

공기저항
물체가 공기 중을 통과하면, 물체가 운동하는 반대 방향으로 공기저항에 의한 힘이 작용합니다.

광물질(무기물)
일반적으로 토양에서 발견되는 자연의 물질을 말합니다. 수백 가지의 종류가 있습니다. 암석은 이 광물들로 이루어집니다.

광합성
녹색식물이 빛 에너지를 이용해서 이산화탄소와 물을 합성하여 산소와 영양분을 만들어 내는 과정입니다.

굴광성
식물이 빛이 비치는 방향으로 향하거나 굽는 현상입니다.

궤도
행성, 혜성 또는 소행성이 태양 주변이나 어떤 행성 주변을 달처럼 지나가는 경로를 말합니다. 중력은 이것들이 궤도 안에 있도록 잡아 줍니다.

나선형
빙글빙글 돌면서 올라가는 계단처럼 생긴 모습을 하고 있습니다. DNA 분자는 2개의 나선형 구조를 가집니다.

단백질
생명체에 필수적인 특별한 물질입니다. 피부와 머리카락을 만들고, 생명체가 살아갈 수 있도록 모든 기능을 수행합니다.

도체
열 또는 전기가 잘 통하는 물질을 말합니다.

DNA(디엔에이)
"데옥시리보핵산"을 요약한 단어입니다. DNA는 살아 있는 모든 생명체에서 발견되는 화합물입니다. DNA는 암호화된 유전자 정보를 가지고 있습니다. 사람, 동물 또는 식물이 어떤 모양으로 생겼는지, 어떤 기능을 하는지 등을 통제합니다.

물질
우주에 존재하는 것들을 구성하는 것을 통칭하여 이르는 말입니다.

미생물
세균(박테리아)과 같이 살아 있는 매우 작은 생물을 말합니다.

밀도
일정한 부피 안에 얼마나 많은 질량이 있는지에 대한 정도를 나타냅니다.

바이러스
세포보다도 매우 작은 무생물 입자입니다. 바이러스는 살아 있는 세포에 침입하여 복제되며 질병을 일으킵니다.

LED(발광 다이오드)
"Light-Emitting Diode"의 약자입니다. LED는 전류가 흐르면 빛을 발산하는 전기 부품입니다.

부피
어떤 물질이 들어 있거나, 어떤 물체가 차지하는 3차원 공간의 크기를 말합니다.

분자
2개 또는 그 이상의 원자가 서로 결합하여 분자를 만듭니다.

비뉴턴 유체
작용하는 힘에 의해 모양이나 움직임이 변할 수 있는 액체를 말합니다.

산
산이 물에 녹으면 (+)전하를 띠는 수소이온을 내놓습니다. 레몬주스, 식초와 같은 것들이 산의 일종입니다.

산소
원소의 한 종류입니다. 공기 중에 있는 기체 중의 하나이며, 지구상의 모든 생명체가 살아가는 데 필요합니다.

석순
동굴의 바닥에서 자라는 원뿔형 모양입니다. 떨어지는 물방울 속의 광물이 매우 천천히 쌓여서 만들어집니다.

설탕
포도당처럼 달콤한 맛을 내는 물질입니다.

세균
매우 미세한 크기이며 하나의 세포로 되어 있는 생명체입니다. 몇몇은 병을 일으키기도 하지만, 대부분의 세포는 해롭지 않습니다.

셀
1) 세포
생명체를 구성하는 살아 있는 가장 작은 부분입니다. 식물과 동물은 모두 수억 개의 세포로 이루어져 있습니다.
2) 전지
전기 배터리를 구성하는 부분이며, 화학적 장치를 말합니다.

셀룰로오스
식물의 세포벽을 구성하는 화합물입니다.

압력
액체나 기체에 의해서 어떤 표면에 가해지는 힘을 말합니다.

압축
어떤 물체가 건물의 무게를 지탱하는 것과 같이, 힘을 받아서 눌리는 현상을 말합니다.

양성자
(+)전하를 가졌으며, 원자 내에 있는 매우 작은 입자입니다.

에너지
일을 할 수 있는 능력을 말합니다. 에너지는 다양한 다른 형태를 가질 수 있습니다. 전기에너지, 운동에너지 등이 있습니다.

여과
혼합물이 필터를 통과하면서 액체로부터 고체가 분리되는 과정을 말합니다.

염기
산과 반응하여 물과 염을 내놓는 물질입니다.

용액
2가지 화학물질의 혼합물입니다. 일반적으로 액체(용매)에 고체(용질)가 녹은 것을 말합니다.

원소
1가지 종류의 원자로 만들어진 물질을 말합니다. 화학적 반응으로는 더 이상 쪼개질 수 없습니다.

원자
가장 작은 입자입니다.

유선형
유체(액체, 기체)의 흐름에 대해 저항이 매우 적은 형태의 물체를 말합니다.

유전자
모든 살아 있는 세포에서 발견되는 DNA를 구성하는 일부분입니다. 유전자는 생명체의 형질을 결정합니다. 예를 들면, 키가 크고 갈색 눈을 가진 사람, 잎이 무성한 식물 등 생물의 특징에 영향을 줍니다.

이산화탄소
이 화합물은 우리 주변 어디에서나 기체 상태로 발견됩니다. 우리는 호흡하는 과정에서 산소를 마시고, 이산화탄소를 부산물로 내놓습니다.

이온
원자가 전자를 얻거나 잃었을 때 (-)전기 또는 (+)전기를 띠는 입자가 되는데 이것을 이온이라고 합니다.

인력
물체들이 서로 끌어당기는 힘을 말합니다.

자외선 복사
복사되는 빛의 한 종류이며, 우리 눈에는 보이지 않습니다.

장력
빌딩이나 다리에 연결된 케이블(철로 된 거대한 줄)에 작용하는 것처럼 당기는 힘을 말합니다.

저항
열이나 전기가 쉽게 통하지 않는 물질을 말합니다.

전기회로
완전히 닫힌회로이며 전류가 흐를 수 있습니다.

전류
전기를 띤 입자의 흐름을 말합니다.

전압
전기회로에서 전류가 흐르도록 밀어내는 정도를 말합니다.

전자
(-)전기를 띠며, 원자 내에 존재하는 매우 작은 입자입니다.

점성
점성이란 액체의 흐름에 대해 저항하는 정도를 말합니다. 꿀과 같이 진하거나 끈끈한 물질은 높은 점성을 가지기 때문에 매우 천천히 흐릅니다.

정전기
전자를 잃거나 얻어서 만들어지며, 흐르지 않고 멈춰 있는 전기를 말합니다.

종유석
고드름 같이 생겼으며 동굴의 천장에 매달려 있습니다. 떨어지는 물방울 속 광물이 매우 천천히 쌓여서 만들어집니다.

중력
2개의 물체가 서로 당기는 힘을 말합니다. 중력은 우리가 떠 있지 않고 땅에 서 있을 수 있도록 해 줍니다.

중성자
전기를 띠지 않으며 원자 안에 있는 작은 입자를 말합니다.

증기
차가워지거나 압력을 받으면 쉽게 액체로 변하는 기체를 말합니다.

증발
일반적으로 온도가 올라갈 때, 액체가 기체로 변하는 현상을 말합니다.

증산작용
식물의 줄기나 잎의 관을 통해 물이 이동하고, 그것이 잎의 뒷면에 있는 작은 구멍(기공)을 통해 증발하는 현상을 말합니다.

질량
물체의 고유한 양을 말합니다.

척력
같은 종류의 물체들이 서로 멀어지도록 작용하는 힘입니다.

포도당
식물이 광합성을 통해 만들어 내는 물질입니다. 포도당은 설탕이 되며 에너지로 사용됩니다.

표면장력
액체의 표면을 작게 하려고 작용하는 힘을 말합니다. 액체 표면의 원자나 분자가 서로 당기면서 발생합니다.

혼합물
2가지 또는 그 이상의 화합물 혹은 원소로 구성된 물질을 말합니다.

화석
오래전에 죽은 생물이나 식물의 유해 또는 흔적이 암석과 같은 것에 남아 있는 것을 말합니다.

화학물질
화합물이나 원소이며, 다른 물질과 결합하여 바뀌기도 합니다. 화학물질은 액체, 고체 또는 기체 상태일 수 있습니다.

화합물
2가지 이상의 원소로 만들어진 화학물질입니다. 예를 들면, 물은 수소와 산소 2가지 원소로 이루어져 있는 화합물입니다.

역자 후기

사람들은 '과학 실험'을 매우 어렵고 복잡한 것 또는 위험한 것이라고 생각하곤 합니다. 물론 매우 어렵고 위험한 실험도 분명히 있어요. 실험을 통해 자연의 숨겨진 과학 원리를 발견하고 증명하는 것은 결코 쉬운 일이 아닙니다.

마리 퀴리는 방사선의 위험성을 미리 알지 못하고, 주머니에 라듐(방사성원소)을 가지고 다녔어요. 이것 때문에 그녀는 골수암, 백혈병을 앓다가 죽습니다. 그래도 마리 퀴리의 실험 정신 덕분에 오늘날 우리가 방사선을 여러 분야에서 활용할 수 있게 되었지요. 하지만 모든 과학 실험이 이토록 위험하고 어렵다면, 아마도 과학은 모두가 싫어하는 학문이 되었을 겁니다.

사실 과학은 실험실이나 연구소에 있는 과학자들만 하는 것은 아니에요. 우리 주변에서 볼 수 있는 꽃과 나무, 날아가는 새, 움직이거나 떨어지는 물체 등 모든 것으로부터 우리는 과학을 배울 수 있지요. 그런데 우리는 주로 학교 수업을 통해서만, 또 독서를 통해서만 과학 지식을 배우게 됩니다. 이렇게 접한 과학은 반쪽에 지나지 않아요. 사실 과학에서 절대 빼놓을 수 없는 게 바로 '과학 실험'이거든요.

실험은 우리가 관찰하거나 탐구하는 대상을 직접 만져 보고, 바꿔 보는 등 감각을 이용하여 참여하는 놀이의 일종이랍니다. 거창한 실험 도구가 없어도 얼마든지 할 수 있는 놀이라고 생각하면 과학과 훨씬 친해질 수 있답니다. 그동안 우리는 학교에서만 과학을 배워 왔기 때문에 알코올램프, 삼발이, 온도계, 삼각플라스크, 메스실린더, 비커 등 전문적인 실험 기구를 사용해야만 '과학 실험'을 할 수 있다고 생각할 수도 있어요. 하지만 이것은 정말로 잘못된 생각이랍니다. 왜냐하면 과학 실험을 통해 자연과 사물에 숨겨진 원리를 발견하는 것이

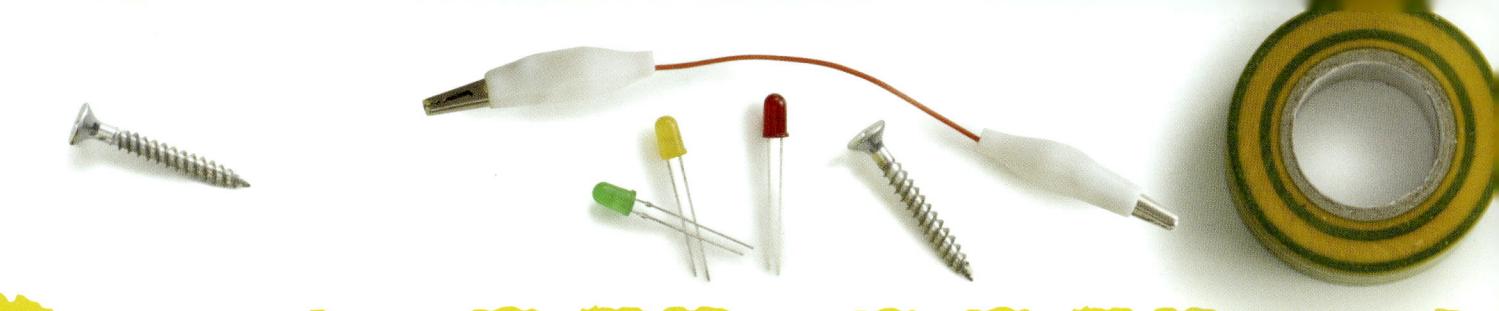

'과학 실험'에서 가장 중요한 부분이기 때문입니다. 어떤 도구를 사용하느냐보다 더 중요한 것은 자연과 사물에 대해 호기심을 갖고 바라보는 태도와 그것을 통해 생긴 궁금증을 해결해 가는 과정입니다.

이 책은 자라나는 우리 아이들의 호기심과 궁금증을 자극하기에 참 좋은 소재들로 구성되어 있어요. 우리 주변에서 쉽게 구할 수 있는 재료로, 즐겁게 할 수 있는 실험들만 모아 놓았거든요. 대충 훑어보면 시시하게 느껴질 수도 있어요. 하지만 실제로 만들고 꾸미는 과정에서 발견하는 것들이 정말 많을 겁니다.

암기식, 지식 중심의 교육에 익숙한 우리들이 놓치는 것이 있습니다. 법칙이나 원리만 알면 다 아는 것이라고 생각하는 실수가 바로 그것이지요. 사실 실험을 통해 만들고 꾸미는 과정에서 경험하는 모든 것들이 소중하답니다.

우리 두 번역자는 10년 넘게 과학 교사로 학생을 지도해 온 경험 풍부한 사람들이랍니다. 그 경험에 비추어 말씀 드리는데, 이 책의 모든 실험들을 부모님과 어린 자녀가 함께, 가족과 함께해 보기 바랍니다. 주방에서 해도 좋고, 캠핑을 가서 해도 좋습니다. 재료를 준비하는 것부터 실험하는 것까지 모든 과정을 가족이 함께해 보세요. 실험 재료를 세심하게 관찰하고 그 특성을 하나하나 체험해 보세요. 하루에 하나씩 재미있는 놀이를 이어가듯이 과학 실험의 재미에 흠뻑 빠져 보기를 바랍니다.

역자 일동

ACKNOWLEDGMENTS

The publisher would like to thank the following people for their assistance in the preparation of this book:
Nandkishor Acharya, Rajesh Singh Adhikari, Shahid Mahmood, Mary Sandberg, and Sachin Singh for design assistance; Steve Crozier and Phil Fitzgerald for retouching; Niki Dirnberger for editorial assistance; Sean Ross for illustrations and testing the experiments; Edwood Burn for illustration assistance; Jackie Brind for indexing; Ruth O'Rourke for proofreading; Laura Gardner, Tessa Jordens, and Max Moore for hand modelling; Lorna Rhodes, home economist, for her help with the baked Alaska experiment; Dan Gardner for testing assistance.

The publisher would like to thank the following for their kind permission to reproduce their photographs:

(Key: a-above; b-below/bottom; c-centre; f-far; l-left; r-right; t-top)

13 Alamy Images: Simon Perkin (br). **23 Getty Images:** ra-photos / E+ (bl). **27 Getty Images:** Imstepf Studios Llc / DigitalVision (cb). **33 Corbis:** Ashley Cooper / Terra (br). **43 Getty Images:** Andrew Brookes (br). **49 Dreamstime.com:** Bob Phillips - Digital69 (br). **55 Dreamstime.com:** Katja Nykanen - Catyamaria (br). **73 Getty Images:** CT757fan / E+ (crb). **77 Alamy Images:** Travelscape Images (crb). **91 Dreamstime.com:** Monthian Ritchan-ad - Thailoei92 (cb). **97 Getty Images:** Doug Armand / Photographer's Choice (crb). **103 Getty Images:** LatitudeStock - Emma Durnford / Gallo Images (crb). **107 Dreamstime.com:** Ivangelos (bc). **113 Getty Images:** Geraldo Caso / AFP (clb). **123 Science Photo Library:** Martyn F. Chillmaid (bc). **127 Dreamstime.com:** Buurserstraat386 (bc). **133 Alamy Images:** Mint Images - Frans Lanting (crb). **137 Getty Images:** National Geographic Magazines (crb). **143 Dreamstime.com:** Lyudmila6304 (clb). **147 Press Association Images:** Pablo Martinez Monsivais / AP (bc). **153 Getty Images:** Sebastián Crespo Photography (ca). **157 Alamy Images:** Ryan McGinnis (bc).

All other images © Dorling Kindersley
For further information see: www.dkimages.com

미래 과학자를 위한
즐거운 실험실

초판 1쇄 펴낸 날 2018년 4월 15일
초판 4쇄 펴낸 날 2022년 5월 23일

지은이	잭 챌로너(Jack Challoner)
옮긴이	이승택, 최세희
펴낸이	백종민
편 집	최새미나·김지현
외서기획	강형은
디자인	임진형
마케팅	박진용·송지현
관 리	장희정
펴낸곳	주식회사 꿈결
등 록	2016년 1월 21일(제2016-000015호)
주 소	서울시 영등포구 당산로 50길 3 꿈을담는빌딩 6층
대표전화	1544-6533
팩 스	02)749-4151
홈페이지	dreamybook.co.kr
이메일	ggumgyeol@naver.com
블로그	blog.naver.com/ggumgyeol
트위터	twitter.com/ggumgyeol
인스타그램	instagram.com/ggumgyeol
페이스북	facebook.com/ggumgyeol
에듀카페	cafe.naver.com/ggumgyeoledu

ISBN 979-11-88260-40-9 04400
ISBN 979-11-88260-67-6(세트)

이 도서의 국립중앙도서관 출판예정도서목록(CIP)은 서지정보유통지원시스템 홈페이지(http://seoji.nl.go.kr)와
국가자료공동목록시스템(http://www.nl.go.kr/kolisnet)에서 이용하실 수 있습니다.(CIP제어번호: CIP2018010827)

이 책은 저작권법에 따라 보호받는 저작물이므로,
저작자와 출판사 양측의 허락 없이는 일부 혹은 전체를 인용하거나 옮겨 실을 수 없습니다.

책값은 뒤표지에 있습니다.
주식회사 꿈결은 (주)꿈을담는틀의 자매회사입니다.